Coordonné par
Pascal Gauchon
et Jean-Marc Huissoud

LES 100 MOTS DE LA GÉOPOLITIQUE

Quatrième édition mise à jour
18e mille

Que sais-je ?

À lire également en
Que sais-je ?

COLLECTION FONDÉE PAR PAUL ANGOULVENT

Alexandre Defay, *Géopolitique du Proche-Orient*, n° 3678.
Alexandre Defay, *La Géopolitique*, n° 3718.
Pascal Gauchon, Jean-Marc Huissoud, *Les 100 lieux de la géopolitique*, n° 3830.
Bouchra Rahmouni Benhida, Younes Slaoui, *Géopolitique de la Méditerranée*, n° 3975.
Jean-Sylvestre Mongrenier, Françoise Thom, *Géopolitique de la Russie*, n° 4043.
Emmanuelle Armandon, *Géopolitique de l'Ukraine*, n° 4045.

ISBN 978-2-13-079279-6
ISSN 0768-0066

Dépôt légal – 1re édition : 2008
4e édition mise à jour : 2017, mai

170 *bis*, boulevard du Montparnasse, 75014 Paris

AVANT-PROPOS

Notre premier mot

1. – Géopolitique
Étude des relations entre puissance et espace

La géopolitique n'est pas née avec le terme. La géographie d'Hérodote et son explication des peuples par le climat, la cosmographie égyptienne, voire les considérations sur les vertus des sols de Sun Tse peuvent faire figure de manifestations anciennes d'une sensibilité géopolitique.

C'est Rudolf Kjellén qui crée le mot en 1905. Il définit la géopolitique comme « la science de l'État en tant qu'organisme géographique, tel qu'il se manifeste dans l'espace[1] ». La géopolitique de cette époque est effectivement une géographie politique, une tentative d'explorer la capacité de la géographie, jusque-là discipline essentiellement descriptive, à devenir un outil d'analyse et de compréhension. Avec comme objectif de déterminer les enjeux d'États conçus comme des êtres vivants.

La naissance du terme est datée : elle se fait dans le contexte intellectuel du scientisme européen de la fin du XIXe siècle, dans un monde encore vaste où les ensembles régionaux sont relativement fermés sur eux-mêmes, dans la confrontation entre les grands empires européens, dans l'obsession de l'époque pour les constructions nationales et pour le concept de génie propre à chaque civilisation. Au même moment, le perfectionnement des

1. *L'État comme forme de vie*, 1916.

techniques d'arpentage et de cartographie militaire (grâce à l'observation aérienne) permet de fixer avec précision les frontières des États-nations considérés comme les acteurs primordiaux de la géopolitique.

Depuis, la discipline a changé. Tout d'abord parce que son ambition initiale l'a amenée à intégrer dans ses modèles des disciplines de plus en plus nombreuses (histoire, sciences politiques, économie) et que ces apports extérieurs à la géographie ont modifié à leur tour le contenu de la notion.

Ensuite parce que, par un phénomène facilement observable dans l'histoire des concepts, le mot lui-même a « glissé » vers des significations légèrement altérées au fur et à mesure que des auteurs issus de cultures différentes se l'appropriaient. En simplifiant, le terme allemand de *Geopolitik* induit l'idée d'une stratégie territoriale des États, la recherche de l'adéquation entre territoire et nationalité. Le mot anglais *geopolitics* est plus centré sur l'idée de confrontation (le sens du mot *politics*) manifestée dans et déterminée par la géographie. Le mot français « géopolitique » réoriente le concept vers le rapport sociétal au territoire et serait plus proche du mot *policy*.

Enfin, le sens de la notion a changé parce que son objet lui-même, le monde, a changé : l'ouverture des frontières, la raréfaction des grands conflits territoriaux, la dématérialisation et la mondialisation des échanges et des communications ont conforté son intérêt pour d'autres acteurs que l'État-nation et d'autres affrontements que les guerres.

Le terme « géopolitique » a connu un certain déclin pendant une période assez longue, laissant la place à une approche en termes de relations internationales appuyée sur des modèles sociologiques. Pourtant, la discipline a su rebondir, et elle est de retour au premier plan, justement parce qu'elle s'est renouvelée : son approche permet d'étudier le terrorisme comme les problèmes d'environnement, les conflits locaux comme les affrontements planétaires, les délocalisations comme les pandémies.

Approcher la géopolitique par 100 définitions, selon le principe adopté par *Que sais-je ?*, paraît ainsi parfaitement adapté : le lecteur pourra y découvrir toute l'étendue du champ étudié par cette discipline, d'*aide* à *ennemi*, de *réseau* à *domination*, d'*opinion* à *représailles*, de *village global* à *épuration ethnique*. Cette énumération vous étonne ? Entrez dans ce livre de la façon que vous désirez, soit en suivant l'ordre des pages que nous avons voulu logique, avec des chapitres consacrés à chaque thème, soit en picorant les mots au hasard, soit enfin en consultant l'index pour chercher la définition qui vous est utile.

Et maintenant, bonne lecture.

Pascal Gauchon,
Jean-Marc Huissoud.

Afin de faciliter la consultation, nous avons introduit un appareil de renvoi.

* *signifie que le mot est défini à un autre endroit de l'ouvrage.*

+ *signifie que le mot est défini dans le petit jumeau de ce livre,* Les 100 lieux de la géopolitique, *publié dans la collection « Que sais-je ? » sous la même direction.*

Le nom d'un auteur suivi de [date] indique l'année de parution d'un de ses livres et renvoie à la bibliographie placée en fin d'ouvrage.

Par ailleurs, nous avons choisi une présentation non alphabétique. Un index figure à la fin de l'ouvrage avec la liste alphabétique et les renvois nécessaires.

Les auteurs

Pascal Gauchon. – Ancien élève de l'École normale supérieure de la rue d'Ulm et agrégé d'histoire, il enseigne en classes préparatoires économiques et commerciales à Ipésup. Il dirige également aux Presses universitaires de France la collection « Major » qu'il a créée en 1992 et l'association Anteios. En 2014, il lance la revue de géopolitique *Conflits*.

Jean-Marc Huissoud. – Enseignant-chercheur à Grenoble École de management, directeur du Centre d'études en géopolitique et gouvernance.

Frédéric Munier. – Agrégé d'histoire, enseignant en classes préparatoires économiques et commerciales au lycée Saint-Louis à Paris.

Hugues Poissonnier. – Professeur à Grenoble École de management. Économiste et docteur en sciences de gestion, il dirige la recherche de l'IRIMA et intervient régulièrement en entreprise pour des conférences et formations sur mesure.

Cédric Tellenne. – Agrégé d'histoire et diplômé de sciences politiques (Paris-X), il enseigne en classes préparatoires économiques et commerciales au lycée Sainte-Geneviève (Versailles) et littéraires au lycée Blanche-de-Castille (Le Chesnay).

Les articles rédigés par chacun des auteurs se trouvent dans l'index placé en fin d'ouvrage. Pour l'essentiel, J.-M. Huissoud a rédigé le chapitre I, Pascal Gauchon le chapitre II, Frédéric Munier le chapitre III, Cédric Tellenne le chapitre IV et Hugues Poissonnier a rédigé avec Jean-Marc Huissoud le chapitre V.

CHAPITRE PREMIER

La puissance en concepts

Les notions de base

La géopolitique est d'abord, tout comme les relations internationales, une discipline théorique. Il importe donc d'en connaître les différentes approches et les notions les plus centrales. Certains de ces termes sont présentés ici, mais nous avons fait le choix moins de les définir, ce qui supposerait un arbitrage entre les différentes définitions qu'on peut rencontrer, que de les questionner. Car les schémas explicatifs qu'ils sous-tendent, dans un monde en évolution rapide, ne doivent pas être pris comme des évidences.

2. – École allemande de géopolitique
Les prémices

Première École de géopolitique apparue à la fin du XIXe siècle dans un contexte précis, celui de la création récente de l'Empire allemand et de l'exploration de toute la planète. Ainsi émerge chez ces penseurs une conscience aiguë du monde dans son ensemble.

Friedrich Ratzel (1844-1904) [1998], considéré comme le père de la géopolitique, pense les impératifs de la puissance* allemande par comparaison avec les « États-continents » que sont la Chine, les États-Unis ou la Russie qu'il a découverts dans ses voyages de jeunesse.

Sa géopolitique est aussi le fruit du rationalisme scientifique et des théories sociales du XIXe siècle, et notamment des thèses de Darwin. Ratzel pense en effet les États (qu'il ne distingue pas des sociétés) comme des organismes déterminés par leurs peuples et leurs territoires*. Cependant, il croit que le politique peut s'affranchir du déterminisme géographique.

Pensant la puissance avec les termes de son époque (population, ressources minières, étendue) et la nation en tant que civilisation, il prône un pangermanisme devant rallier sous un même drapeau toutes les populations de civilisation allemande et constituer un empire colonial afin de s'affirmer sur le long terme comme une grande puissance mondiale. Sa préoccupation est moins de penser l'Allemagne comme puissance dominante que de garantir sa survie dans un monde où, selon lui, les civilisations les plus faibles sont destinées à disparaître face aux plus fortes (l'expansion coloniale semble, à l'époque, lui donner raison).

Karl Haushofer (1869-1946) [1988] pousse plus loin les réflexions initiées par Ratzel en introduisant deux idées fortes : celle d'espace vital* et celle de pan-idée.

Les pan-idées sont les référents que des populations dispersées reconnaissent et qui constituent les fondements d'une solidarité potentielle. Il détache ainsi l'idée de civilisation de celle d'États (au sens où Ratzel pensait la civilisation allemande dans le cadre de l'Empire allemand) et tente d'analyser les grands affrontements historiques à travers la confrontation de ces panismes*.

Théoriquement très marquée par le caractère continental de la puissance des deux derniers Reich allemands, l'École allemande a dû endosser la responsabilité *a posteriori* des justifications qu'elle a pu apporter à l'impérialisme willhelmien ou au projet nazi, mais ce procès, comme celui intenté aux Écoles de pensée allemandes dans d'autres domaines, est en définitive simpliste. L'idée de civilisation est pour eux déterminante, et non celle de race. Même Haushofer, dont l'idée d'espace vital est reprise par le national-socialisme, proclamait que chaque peuple doit bénéficier de cet espace vital. En fait, il souhaitait dépasser les nationalismes pour créer de grands espaces continentaux capables de résister à l'impérialisme des puissances maritimes, rêvant d'une union Europe-Russie-Japon. D'ailleurs, le régime nazi s'en prendra à Haushofer et aux siens (il est ami de Rudolph Hess et marié à une Juive dont il a deux enfants).

3. – École anglo-saxonne de géopolitique *La vision des puissances maritimes*

École née à la fin du XIXe siècle aux États-Unis et en Grande-Bretagne dans deux contextes différents, mais présentant une unité certaine. Elle s'adresse à la stratégie globale de puissances maritimes, avec la mer comme clé de la suprématie.

L'amiral **Alfred Mahan** (1840-1914) [1890] se base sur la puissance maritime anglaise, au moment où les États-Unis doivent repenser leurs rapports avec les puissances européennes après la fin de la frontière*.

Il pense les mers non comme des obstacles isolant les États-Unis, mais comme des routes qui font des États riverains une menace. Ainsi, Mahan constate l'échec de la doctrine Monroe, les flottes européennes menaçant les voies maritimes de son pays. S'inspirant de la façon dont l'Angleterre a protégé ses intérêts en contrôlant des points stratégiques en Méditerranée et le long de la route des Indes, il montre l'importance des Antilles et y souhaite la création d'une Méditerranée⁺ américaine.

Mahan fait des propositions : développement du commerce américain pour permettre l'accroissement des chantiers navals et disposer de marins compétents, acquisition de bases d'approvisionnement dans le Pacifique et les Caraïbes. Il affirme enfin que les États-Unis doivent se défendre sur la rive opposée des mers limitrophes, les poussant ainsi sur la voie de l'interventionnisme. Il préfigure la notion de capacité de projection de la puissance*.

L'application point par point de la théorie de Mahan explique en grande partie la stratégie américaine à partir de la fin du XIXe siècle.

Le Britannique **Halford Mackinder** (1861-1947) [2004] part de la nécessité pour le Royaume-Uni de se protéger de la Russie et de l'Allemagne.

Pour Mackinder, la puissance britannique est confrontée à un espace qu'elle ne peut contrôler et susceptible de lui nuire : l'Eurasie. Cette partie du monde est le pivot (qu'il appelle *heartland**) des relations internationales et l'origine des conflits dans un éternel rapport de force entre ce centre et ses périphéries (*coastlands*). L'Allemagne et la Russie constituent ainsi une sorte d'île mondiale, aspirant aux océans, qui serait, en cas d'alliance entre les deux, une menace pour les nations maritimes. Mackinder se rapproche ainsi de la notion de *Lebensraum*.

Le risque réside dans le développement des transports terrestres qui permettent à l'espace continental d'être viabilisé à des fins de puissance, les nations maritimes perdant le monopole des voies de communication mondiales (jusque-là essentiellement maritimes) tout en étant incapables d'agir dans cet espace. L'apport de Mackinder sera notamment l'idée du cordon sanitaire autour de la Russie bolchévique.

L'Américain **Nicholas Spykman** (1893-1943) [1942 ; 1944] affine la théorie de Mackinder avec la théorie du *rimland** qui se développe avec la théorisation par Georges Kennan en 1947 de la stratégie du *containment**.

4. – École française de géopolitique *Équilibrer les empires*[1]

École considérée souvent comme moins importante que les deux précédentes, qui présente pourtant une forte originalité

1. Selon la formule de A. Chauprade [2001].

par la place qu'elle attribue à l'homme et au politique face au déterminisme géographique ainsi qu'à la notion d'identité.

Jacques Ancel (1879-1943) [1936] fonde cette particularité par sa réflexion sur les notions de frontières* et d'espaces territoriaux. Géographe, il refuse l'idée de frontière naturelle. L'essentiel des frontières naît de la rencontre de groupes humains qui, à un moment de leur histoire commune, arrivent à un équilibre et reconnaissent cette frontière. La langue, la culture et les représentations fondent leurs distinctions. À l'opposé de la théorie allemande, il défend une nation-idée, une nation du cœur en soi non rationnelle. Ce discours est lié à la question de l'Alsace-Lorraine : à l'identité géographique (civilisation rhénane), linguistique et culturelle avec l'Allemagne, Ancel oppose l'identité de cœur avec la France (voir État-nation).

Tout aussi obsédé par le pangermanisme, **André Chéradame** (1871-1948) [1902] s'inquiète de la politique allemande en Europe centrale. Il théorise la nécessité de l'alliance entre la Grande-Bretagne, la France et la Russie, et le rôle des nationalités dans les Balkans, obstacle à l'expansionnisme allemand.

Historien, fondateur de l'École française de géographie, **Paul Vidal de La Blache** (1845-1918) admet les déterminismes naturels, mais ils ne sont que des possibilités qui se réalisent par l'action humaine : les techniques font des océans, des montagnes et des fleuves, des liens ou des obstacles selon les cas. Vidal de La Blache porte une attention particulière à la microgéographie, développant l'étude des « pays » (terroirs) : petits ensembles géographiques homogènes générant des modes de vie particuliers. Pour certains, c'est une géopolitique de « féodalité » opposée aux grands ensembles de la géopolitique allemande*.

Grâce à **Yves Lacoste** [1993], la géopolitique renaît en France dans les années 1970. Son approche doit beaucoup à ses devanciers, mais il marque aussi un rapprochement de la conception française et de ses homologues.

L'important pour lui est que le territoire est surtout *représenté*. Ce postulat est riche en capacités d'analyse du concept d'État-nation* dont Lacoste montre la pérennité dans un monde globalisé et interdépendant.

L'École de géopolitique française est marquée longtemps par l'idée d'une France sur la défensive face aux grands empires. Elle met en avant l'idée de nation, comme le fait en particulier **Aymeric Chauprade** [1999, 2001], pour lequel toutes les formes de conflits (religieux, économiques ou culturels) reviennent en fait à des rivalités de peuples avides de se déployer dans l'espace.

5. – Géoéconomie
Quand l'économie explique le monde

Discipline qui analyse les relations entre la puissance économique, l'espace et le monde.

C'est l'Américain Edward N. Luttwak [1990] qui est à l'origine du concept de géoéconomie qu'il définit comme « la logique des conflits traduite dans la grammaire du commerce ». Selon Luttwak [1993], l'affrontement militaire entre grandes puissances est devenu improbable depuis la bombe atomique. L'arme économique se substitue donc largement à l'arme militaire pour les États désireux d'asseoir leur puissance. Force est en effet de constater que les sanctions économiques telles que l'embargo sont de plus en plus utilisées.

La plupart des auteurs envisagent l'approche géoéconomique comme complémentaire de l'approche géopolitique. D'un côté, l'intégration d'éléments d'ordres économique et commercial dans l'analyse de l'évolution du monde s'avère utile (approche privilégiée par Luttwak, Lorot...). De l'autre, les problèmes économiques peuvent être abordés sous un prisme nouveau (Daguzan [1997]) intégrant les rapports de force qui prennent corps dans le domaine politique.

D'un point de vue opérationnel, un des apports potentiels de la géoéconomie est d'éclairer les différences entre régions économiques (pays, territoires...) afin de les réduire en proposant des voies de développement économique. Il est ainsi possible d'identifier les facteurs qui rendent un territoire attirant pour les entreprises, les investisseurs...

Si la géoéconomie constitue une discipline nouvelle, les exemples historiques ne manquent pas de l'utilisation de l'économie à des fins politiques. L'histoire de la construction européenne en témoigne. Première communauté européenne, la CECA reposait sur l'intégration économique de deux secteurs stratégiques dont l'objectif réel était, dès sa construction, une évolution vers l'union politique des pays européens. La création, quelques années plus tard, d'un marché commun, au travers de la CEE, contribuait à avancer dans cette voie jusqu'à la mise en place de la monnaie unique, dernière grande étape dans cette construction économique et politique (même si cette intégration politique présente un niveau de difficulté plus élevé).

6. – Puissance maritime, puissance continentale *Un dualisme pertinent ?*

Puissance s'appuyant sur le contrôle de la mer ou des terres.

Cette opposition est un grand classique de l'analyse géopolitique. La distinction entre les deux catégories se trouve dans les déterminants géostratégiques. Les puissances maritimes, basées sur un *coastland*, ont une stratégie de contrôle des routes pour sécuriser leurs approvisionnements et leurs débouchés, et pour maintenir l'ennemi loin de leurs côtes. Leur atout est l'isolement. Les puissances continentales ont une stratégie de contrôle des ressources et des territoires (le *heartland**). Leurs atouts sont la profondeur stratégique, qui les garantit contre une invasion rapide, et des ressources abondantes.

Aucune des deux ne peut menacer sérieusement l'autre tant qu'aucune ne contrôle les marges, le *rimland**, qui lui permettrait d'attaquer l'espace de l'autre.

Ce modèle dual a une certaine valeur explicative des conflits passés et a servi de base à la politique étrangère des États-Unis et de la Grande-Bretagne jusqu'à la Seconde Guerre mondiale. L'histoire montre que, jusqu'à cette époque, aucune nation n'a pu conjuguer les deux stratégies efficacement, comme en témoigne l'échec de l'Allemagne et de la Russie à devenir des puissances navales ou de la France napoléonienne à conjuguer conquête de l'Europe et lutte contre l'Angleterre.

Le modèle ne doit cependant pas être pris trop à la lettre. Il existe des puissances hybrides (France, Empire ottoman). Les États-Unis sont un cas remarquable de puissance maritime disposant de l'abondance des ressources et de la profondeur stratégique d'une puissance continentale. La Chine, en train de construire sa puissance maritime après avoir longtemps été une puissance exclusivement continentale, pourrait les imiter (voir *thalassocratie*).

La période récente a vu par ailleurs des évolutions techniques qui changent passablement la donne. Elles peuvent permettre de s'affranchir de l'obstacle maritime et d'ignorer les effets de la profondeur stratégique avec des moyens relativement restreints. D'où le risque que représentent aujourd'hui des puissances secondaires comme l'Iran ou la Corée du Nord. La capacité de mobilisation des moyens et la guerre d'attrition impliquée par l'opposition entre des puissances maritimes et continentales classiques cèdent le pas à l'impératif d'anticipation et de réaction rapide, ce qui a entraîné les stratèges de tous les pays vers la réflexion sur la révolution dans les Affaires militaires* et la gestion des risques* géopolitiques.

7. - Heartland/rimland
Un schéma européen ?

Heartland : *masse continentale procurant à la puissance* qui la contrôle populations, ressources et profondeur stratégique.*

Rimland : *bande de terres qui borde à la fois l'océan et le* heartland.

La stratégie du *heartland* est en général de se désenclaver par le gain d'un accès aux mers praticables. Le *rimland* est soumis à un double impératif de contenir le *heartland* et de se ménager la profondeur stratégique nécessaire à sa sécurité, ce qui l'empêche de se consacrer à la construction d'une puissance maritime*.

Le *rimland* joue le rôle de cordon sanitaire entre le *heartland* et les puissances maritimes, et son maintien est un impératif stratégique absolu pour celles-ci (principe du *containment**).

Cette lecture géographique a ses limites, mais elle fonde la géostratégie des grandes puissances maritimes, notamment pendant la guerre froide. Elle est parfois malaisée à reporter dans d'autres contextes.

8. - Puissance
Le paradigme fuyant

Capacité à agir.

En géopolitique, la notion de puissance tient lieu, depuis les origines, de paradigme explicatif. Quasiment tous les auteurs influents posent le principe d'un état naturel de conflictualité entre nations, peu ont essayé de s'en affranchir. Pourtant, à y regarder de plus près, toute tentative de cerner la notion de puissance est vouée à l'imprécision, à une modélisation insatisfaisante.

D'une manière générale, on définit par « puissance » la capacité à agir. Une autre approche est de la définir par la capacité à faire faire à l'autre ce qu'on veut qu'il fasse. La plupart des théories des relations internationales se sont penchées sur la recherche de ce qui fonde la puissance (cf. chap. III).

Mais il n'existe pas de recette de la puissance. Aucun des facteurs étudiés n'explique seul le statut dominant d'une nation à un moment donné. Stanley Hoffmann l'affirme en développant la théorie des échiquiers : les relations entre États se jouent dans des champs différents, complémentaires ou non, et les États puissants sont ceux qui arrivent à être forts dans plusieurs domaines simultanément. Encore faut-il que la partie se joue sur le bon échiquier.

Susan Strange [1996] a introduit dans les études sur la puissance la notion d'équilibre des facteurs : les éléments constitutifs de la puissance ne sont opérants que s'ils sont en synergie. Cette dernière est à trouver entre la capacité industrielle, la capacité financière, la capacité technologique et la capacité militaire. Ce modèle interactif n'explique cependant pas pourquoi de grandes puissances peuvent être tenues en échec par des pays « faibles ».

Car la puissance ne garantit pas le succès dans l'action. C'est que la puissance n'est pas tout, elle doit s'accompagner d'une volonté de l'exercer et d'une doctrine. Enfin, le statut de puissance repose en partie sur la réputation de puissance du pays qui la détient. Beaucoup aujourd'hui relativisent celle de l'ex-URSS. Mais cette puissance était réelle, puisque la croyance dans son existence a motivé la politique de puissance des Occidentaux pendant plus de cinquante ans.

En définitive, le concept de puissance est donc fuyant, y compris dans le temps (ce qui a fait la puissance d'hier ne fait pas forcément celle d'aujourd'hui).

9. – Domination
La hiérarchisation des relations internationales

Situation où l'on n'est pas maître de ses choix du fait de la tutelle d'une autre puissance. Elle va à l'encontre de l'idée que dans le système international les États sont égaux en droit.

L'archétype d'une situation de domination a été la période coloniale. La décolonisation a cependant laissé la place à d'autres modes de domination.

L'affrontement entre les États-Unis et l'URSS a mené à la constitution de blocs de pays s'alignant politiquement et économiquement sur l'un ou l'autre des deux géants. Tous deux ont parfaitement joué la carte de la domination économique pour garantir la fidélité de ces alliés dominés, les États-Unis en Amérique latine* notamment, l'URSS en Europe de l'Est, en capturant les flux commerciaux de ces pays.

C'est à l'idée de satellite que fait appel la notion de **sphère d'influence** (qui est à l'origine une expression de l'astrophysique). Ici, on suppose que le lien de dépendance n'est pas dû à un simple rapport de force, mais à la proximité de valeurs et d'intérêts entre une puissance dominante et les pays « suiveurs ».

10. – Ennemi
Les vertus de la nuisance

Celui contre lequel nous nous battons.

Est-il nécessaire de définir ce qu'est l'ennemi ? Le concept est tellement consubstantiel à la culture historique qu'il peut sembler naturel, d'autant que la vision binaire du monde qu'il sous-entend (eux et nous) est séduisante dans sa simplicité.

Pourtant, cette notion négative se révèle, en définitive, extrêmement constructive. C'est ce que prétend Carl Schmitt dans sa *Théorie du politique :* le rôle de l'État par rapport à la société, dit-il, est de désigner l'ennemi. L'ennemi, à son tour, désigne la nation. De la nation émane l'État. Il y a là un système parfait qui sous-entend un lien symbiotique entre la nation et l'ennemi. L'ennemi serait donc nécessaire à la nation. Une communauté ne peut se définir exclusivement en positif. Il lui faut un négatif. La notion d'ennemi n'est pas une notion circonstancielle : une nation n'est pas l'ennemi d'une autre à cause d'un objectif pour lequel elles sont en concurrence (ce qui peut être la cause réelle de la conflictualité du moment), mais parce que l'ennemi est *autre*. D'où la permanence du discours sur l'ennemi qui cherche à le dévaloriser, le barbariser, le déshumaniser, le construire.

L'ennemi n'est pas seulement celui « qui ne peut être ami », il est aussi l'adversaire (littéralement, celui qui est de l'autre côté, sous-entendu de la frontière ou de la ligne de front) et l'antagoniste (celui à qui nous nous mesurons, le terme *agôn* désignant en grec le concours olympique aussi bien que le choc des phalanges d'hoplites).

Pendant longtemps, les ennemis étaient voisins. Les guerres étaient alors menées entre gens qui se ressemblaient et qui devaient aussi du coup exagérer leurs différences. Les pires accusations faites à l'encontre d'ennemis l'ont d'ailleurs le plus souvent été envers les ennemis de l'intérieur, l'*étranger autochtone*, ce qui explique la violence extrême des guerres civiles.

La mondialisation des conflits et des intérêts, la capacité technique à projeter la puissance militaire loin de chez soi, a peut-être changé cet état de fait. L'ennemi est moins identifié, plus multiforme. Mais le discours pour le disqualifier et expliquer l'inimitié est resté le même, sans doute plus crédible pour les peuples qui l'entendent, l'étrangeté de ces ennemis lointains renforçant encore la peur et le rejet qu'ils inspirent.

Ce jeu dangereux de représentations n'est pas fatal. La France et l'Allemagne ont montré la voie de ce que peut être, entre deux nations, le renoncement à la confrontation, ce qui n'empêche pas la compétition par ailleurs.

11. – Risques
Un monde paranoïaque ?

Potentialité d'un danger, suite à une situation, une activité ou une incertitude.

La sécurité a toujours été la préoccupation majeure des sociétés humaines et toutes ont évolué dans la confrontation à un sentiment de menace, cherchant des solutions organisationnelles (structures sociales et politiques) ou techniques, y compris par le développement de leur puissance et de leurs armements. Une autre constante a été de chercher à les anticiper.

Paradoxalement, ces réponses techniques et politiques constituent elles-mêmes de nouvelles menaces. Depuis les années 1960 a émergé un discours de dénonciation des risques technologiques issus de la menace nucléaire et des atteintes à l'environnement, dont l'un des avatars aujourd'hui est le principe de précaution qui peut exposer au risque de l'inaction. Sur le plan politique, la fin de la guerre froide est perçue comme l'aube d'un monde incontrôlable aux menaces multiples et diffuses.

D'une manière générale, un monde plus complexe est un monde plus incertain. La mondialisation est aussi une mondialisation des menaces. La rapidité des déplacements entraîne celle des épidémies comme des vecteurs de frappe militaire. Il existe aussi des risques en principe moins létaux, ceux de l'économie de l'information démultipliée, omniprésente et instantanée, qui obligent les responsables politiques et économiques à des décisions rapides dans un environnement imparfaitement compris.

Bref, l'impératif d'anticipation est encore plus grand, comme le montre le développement de la **veille** politique et technologique des États et des entreprises multinationales* intéressées elles aussi à une bonne anticipation des risques.

Mais plus l'impératif de maîtrise des événements est grand, plus son échec le renforce, comme le montre le sentiment de vulnérabilité né du 11 septembre 2001, et amène des prises de risques encore plus grandes, sous la forme ici de la doctrine de la guerre préventive.

Comme l'ennemi*, le risque est néanmoins utile : pour forcer les sociétés à évoluer, pour renforcer le contrôle social, pour l'économie de la peur aussi, plus florissante encore que celle du bonheur.

12. – Centre/périphérie
La géographie du pouvoir

Centre : lieu principal d'activité, d'initiative ou de pouvoir.

Périphérie : ce qui est sous l'influence ou la domination du centre, ou en retard sur celui-ci.

La représentation des phénomènes géopolitiques en termes de centralité et de périphérie s'applique tant à grande (phénomènes d'urbanisation) qu'à petite échelle (rapport entre régions ou États).

L'hypothèse de départ est simple : les dynamiques des échanges et des investissements créent dans certaines régions des centres qui finissent par cumuler richesses, puissance politique et influence, par un phénomène quasi gravitationnel, au détriment des périphéries dont les ressources sont captées par ces centres et qui sont trop éloignées pour bénéficier pleinement de cette dynamique (la périphérie n'est donc pas marginalisée, mais exploitée). Ainsi, l'exploitation de l'Amérique par les Européens aurait permis la montée en puissance de l'Europe+ en faisant de l'Atlantique+ le centre du commerce mondial, au détriment de l'océan Indien⁺ dominant jusqu'alors dont les pays riverains se seraient alors trouvés rejetés à la périphérie.

Le modèle est particulièrement exploité par les théoriciens marxistes qui expliquent ainsi le sous-développement. Pour cette École, la constitution des centres est une conséquence mécanique du capitalisme, la traduction géographique des phénomènes d'accumulation des capitaux et du pouvoir politique qui l'accompagne. Le **sous-développement** n'est donc pas pour eux une absence de développement, mais la conséquence du développement économique capitaliste. Selon eux, le centre finit par devenir hypertrophié et par générer des phénomènes contre-productifs qui entraînent un rééquilibrage en faveur de la périphérie et l'effondrement du point de concentration du pouvoir économique, militaire et social.

Par ailleurs, le modèle des rapports centre-périphérie est intrinsèque à la pensée politique et cosmologique chinoise pour laquelle le centre est le lieu de l'ordre et de l'harmonie, les périphéries étant de plus en plus imparfaites à mesure qu'elles s'en éloignent. Dans cette représentation moins formelle que la précédente, il est de la responsabilité du centre de diffuser ses bienfaits vers les périphéries afin de contribuer à l'ordre du monde. Au moment où l'on assiste peut-être au glissement du centre économique et politique du monde vers l'espace asiatique et de l'Atlantique vers le Pacifique⁺, cette représentation aide à comprendre le positionnement de la Chine sur la scène internationale.

Le phénomène de mondialisation et les délocalisations économiques qui l'accompagnent peuvent rendre la notion de centre plus diffuse et constituer à plus ou moins grande échelle et à plus ou moins long terme une modification radicale du paradigme. Les tendances actuelles au repli sur soi peuvent contredire cette évolution.

13. – Polarité
Multipolaire, bipolaire, unipolaire ?

Mode de répartition de la puissance dans le système international en un ou plusieurs centres.*

Le système international est construit sur l'idée wilsonienne que les États sont égaux entre eux. Dans les faits, le système international s'est toujours caractérisé par la situation dominante de quelques États sur tous les autres. La théorie des relations internationales, voulant prévoir et éviter les conflits, trouve dans cet état de fait un élément stabilisateur, le système international manquant d'une autorité supérieure pour fonctionner. Il apparaît donc souhaitable qu'une telle autorité se dégage. Mais combien de têtes doit-elle avoir ?

L'histoire montre que les relations internationales ont été tantôt multipolaires, tantôt bipolaires. Depuis la fin de la guerre froide et l'affirmation de la superpuissance* américaine se pose la question d'un monde unipolaire.

Quelle combinaison est la meilleure pour garantir la paix ? Les tenants de la **multipolarité** montrent que, dans le cas d'une puissance globale répartie entre plusieurs acteurs, aucun d'entre eux ne peut avoir la certitude du comportement des autres et que cela les dissuade de risquer une guerre dans laquelle ils pourraient se trouver opposés à plusieurs de leurs concurrents. Cependant, les détracteurs de la multipolarité insistent sur l'incertitude entraînant une multiplication des opportunités de conflit.

La **bipolarité** a ses partisans qui rappellent que la guerre froide, situation bipolaire par excellence, n'a pas abouti à un conflit généralisé du fait de l'équilibre des puissances. Mais encore faut-il que ces deux puissances soient suffisamment équilibrées. De plus, une guerre se déclenchant dans cette situation est pire en termes de destructions que dans une situation de déséquilibre des moyens.

Les partisans de l'**unipolarité** voient dans l'avènement d'une seule superpuissance l'occasion de faire cesser la compétition, et donc les conflits. La puissance dominante devient régulatrice. On comprend dès lors le discours sur le rôle de « gendarme du monde » des États-Unis après la guerre froide.

La théorie de la polarité permet de lire les relations internationales dans le cadre d'une théorie des jeux plus ou moins complexe. Cependant, elle présente des failles.

Aucun des modèles ne garantit la paix. La multipolarité est instable, l'équilibre entre les différents pôles se modifiant sans cesse. La bipolarité est moins à l'origine de la paix depuis 1945 que les arsenaux nucléaires. La disproportion des moyens dans une situation d'unipolarité ne met pas de frein à l'usage de la force par la superpuissance, même si le discours officiel le cache sous l'expression « opération de police internationale ».

14. – Équilibre stratégique
Prélude au chaos ?

Situation dans laquelle aucun acteur ne dispose d'un avantage décisif certain sur ses adversaires.

Un équilibre peut exister par l'existence de moyens équivalents dans deux camps opposés, mais être aussi en théorie induit par le territoire, lorsqu'aucun des deux adversaires ne peut espérer vaincre sur le terrain de l'autre.

En matière stratégique, le concept d'équilibre a connu son heure de gloire du temps de la guerre froide, sous la présidence de Dwight D. Eisenhower. Il posait comme principe que les États-Unis devaient à tout prix maintenir une parité des moyens, notamment nucléaires, avec les Soviétiques. C'est le concept central de la notion de dissuasion*.

Le maintien de cet équilibre est difficile dans la mesure où il n'est pas seulement quantitatif, mais aussi influencé par les évolutions techniques. Par ailleurs, il est difficile de déterminer les conditions d'un équilibre global, car les moyens et ressources des deux camps sont rarement équivalents, les conceptions stratégiques différentes et les conditions de l'affrontement variables.

Il est compliqué aussi par l'ignorance des moyens exacts de l'adversaire. Cela a valu à la course aux armements la qualification de « stratégie névrotique » dans la théorie des relations internationales. D'autres parlent d'« impuissance de la puissance », chacun devant assumer des dépenses militaires considérables sans perspective de se servir des arsenaux.

La supériorité militaire sans équivalent des États-Unis depuis la fin de la guerre froide a conduit à une remise en cause de la stratégie de l'équilibre : ils cherchent au contraire à accentuer le déséquilibre en leur faveur afin de prévenir l'émergence d'une puissance concurrente – la Chine ?

La notion d'équilibre est mise à mal par la stratégie de la guerre asymétrique et le terrorisme*.

15. – Dominos (théorie des)
Règle ou propagande ?

Théorie selon laquelle tout changement idéologique ou politique dans un pays entraîne une contagion par imitation dans les pays voisins.

Si la théorie a été édictée pendant la guerre froide pour garantir l'efficacité de l'endiguement du bloc soviétique, sa réalité est observable dès la Révolution française et la série de mouvements républicains qu'elle génère partout en Europe et jusqu'en Amérique du Sud.

Il y a donc une certaine réalité à ce principe, et cela semble confirmé par la contagion communiste en Indochine après la guerre du Vietnam. Cependant, la peur de cette contagion a provoqué l'intervention américaine, ce qui a excité l'anti-américanisme dans la région. Dans cette hypothèse, c'est donc l'interventionnisme américain, destiné à empêcher l'effet domino, qui l'aurait déclenché !

La théorie des dominos a servi les néoconservateurs de l'administration Bush qui espéraient qu'elle fonctionnera pour provoquer un changement de fond dans les régimes politiques du Proche-Orient à partir du modèle démocratique irakien qu'ils souhaitaient mettre en place – avec des résultats dramatiques. Les révolutions arabes relèvent en revanche de ce phénomène.

La théorie des dominos soulève un problème de fond des relations internationales : à vouloir garder le contrôle, les grandes puissances génèrent en définitive un chaos qui lui, certainement, est contagieux. La paix est-elle portée par la généralisation de la démocratie, ou par la stabilité ? Les constructions de dominos sont fragiles et, en voulant améliorer le placement de l'un des éléments, on risque toujours de tout faire chuter.

16. – Axe
Un concept dangereux ?

En politique, pacte entre deux ou plusieurs puissances dans le but de mener une action dont elles se proclament promoteurs et leaders sans exclure d'autres pays, au contraire d'une alliance.

La particularité d'un axe est que quelque chose tourne autour. Ainsi, l'axe Rome-Berlin-Tokyo devait être l'ensemble autour duquel devait se construire un nouvel ordre mondial.

L'utilisation du terme dans l'expression « axe du mal » utilisée encore récemment par les États-Unis n'était, bien sûr, pas neutre. Outre la référence à l'Axe totalitaire de la Seconde Guerre mondiale, il avait pour « mérite » de figurer les adversaires supposés des États-Unis et du monde libre comme participant d'un même et unique complot, de les réduire à un seul adversaire. Cela permettait de n'avoir qu'un *casus belli* à évoquer. L'« axe du mal » suggère l'existence d'un « axe du bien » au sein duquel les oppositions à la politique de lutte contre le mal sont malvenues.

17. – *Realpolitik*
Un monde sans rêve

Terme forgé par Bismarck pour définir une politique étrangère pragmatique, par opposition à une politique idéaliste.

Bien que connoté péjorativement, le terme n'implique pas une attitude cynique ou guerrière de la part des États qui la pratiquent, mais une bonne connaissance de la situation, des forces et des faiblesses des uns et des autres pour permettre l'établissement d'une paix durable au bénéfice du plus grand nombre. Les idéaux et les ambitions cèdent le pas à l'impératif de réalité. Cependant, la conflictualité fait partie de cette réalité. La *Realpolitik* est opposée à l'idée de domination mondiale (irréaliste) et sous-entend *de facto* une approche multilatéraliste* des relations internationales.

Elle présuppose une certaine « objectivité scientifique » dans les critères d'évaluation. Elle peut mener à une approche purement gestionnaire des affaires internationales qui lui est parfois reprochée, mais la nécessité qu'elle implique de connaître les situations réelles est à l'origine des études de géopolitique.

18. – Négociation
Entre théorie et désillusions

Discussion pour trouver un accord à base de compromis réciproques.

L'existence du système international tel que l'a rêvé le président Wilson repose sur l'idée que la négociation est un mode civilisé de relation, par opposition au conflit dans lequel s'exprime un pur rapport de puissance. La théorie des relations internationales suppose également que les États sont égaux en droits et en souveraineté.

La théorie de la négociation implique le compromis et donc un renoncement à certaines revendications. Elle suppose aussi que chaque partenaire définisse ce qui n'est pas négociable avant d'entamer la négociation. Cette culture du compromis nécessite des partenaires raisonnables et rationnels.

Cet idéalisme ne résiste pas à l'analyse de la réalité pour plusieurs raisons. Tout d'abord, si la négociation est parfois préférée au conflit, c'est tout simplement parce qu'elle est plus légitime et moins coûteuse, et non pour des raisons de morale et d'égalitarisme international. Ensuite, la négociation n'implique pas le renoncement à l'exercice de la puissance sous la forme de pressions économiques ou diplomatiques. La négociation peut être de fait imposée à l'un des partenaires.

La négociation n'est donc pas un renoncement au rapport de force, mais au contraire, nécessite une évaluation correcte des forces et objectifs des partenaires. Si elle n'est pas violente, elle n'en reste pas moins conflictuelle.

CHAPITRE II

Les maîtres du monde

Les acteurs

Qui détient la puissance* ? Depuis les Lumières, le pouvoir politique en était devenu le dépositaire exclusif sous la forme de l'État-nation* : il s'affranchissait du pouvoir spirituel, il s'imposait aux lignages et aux clientèles, il encadrait les forces économiques et sociales. Aujourd'hui, la prédominance de l'État-nation semble remise en question par la mondialisation, le retour du religieux, le développement des mafias et l'émergence d'une société civile mondiale. La puissance est-elle encore du côté des nations et des territoires ou est-elle passée entre les mains des réseaux* ?

19. – Territoire
Anteios ou la force de la terre

Espace conçu, mis en valeur et organisé par une communauté.

Il existe un emboîtement de territoires, des plus petits organisés par un groupe social (le territoire des mineurs de Lorraine) aux plus vastes. Le territoire national représente le territoire par excellence, souvent sacralisé au XIXe siècle par les patriotes et les géographes : Vidal de La Blache s'extasie ainsi sur « les formes harmonieuses » de la France.

Assiste-t-on à une disparition des territoires sous l'action des réseaux ? En démantelant les frontières*, ces derniers provoqueraient l'uniformisation des territoires et feraient émerger un espace mondial indifférencié. Pourtant, selon L. Carroué [2002], les firmes multinationales (FMN)* qui poussent à l'unité de l'économie planétaire spécialisent chaque territoire en fonction du type de filiales qu'elles y implantent.

Autre idée à nuancer : la puissance ne résiderait plus dans le contrôle des territoires (logique des États-nations*), mais dans celui des flux (logique des réseaux*) ; les ressources tirées des territoires (hommes, matières premières) restent pourtant des enjeux* déterminants comme le démontre la géopolitique de l'énergie menée par la Russie dans un contexte de hausse des prix.

Il ne faut pas oublier enfin que les réseaux ont besoin de lieux concrets pour exister – ils ne sont jamais totalement immatériels : les vols aériens ont besoin d'aéroports, Internet d'ordinateurs et même les religions doivent entretenir des lieux de prière. Cet ancrage les soumet à l'influence des acteurs territoriaux. Rome, d'où le pape dirige l'Église catholique, a aussi été la prison où il s'est enfermé après 1870 par rejet de l'Italie unifiée.

Le contrôle et la formation des territoires restent donc l'enjeu majeur de la géopolitique. Il existe d'ailleurs dans la plupart des communautés une véritable demande de territoire que l'on ressent jusque dans les cités de banlieue : A. Chauprade [2001] parle d'une « libido territoriale » et d'une « territorialisation des identités » dont il fait le fondement de la géopolitique. À ses yeux, le territoire est plus qu'un enjeu : de par ses caractéristiques, sa situation, les menaces qui pèsent sur lui, il influence les communautés qui l'habitent. La géopolitique de la Russie s'expliquerait par son ancrage dans un espace aux limites floues, menacé à l'Est comme à l'Ouest et enfermé au cœur du continent par les verrous danois, turc et japonais qui empêchent l'accès aux mers chaudes. A. Chauprade appelle « territorialité » cette capacité d'influence du territoire, acteur à part entière de la géopolitique. Cette approche est contestée par d'autres géopoliticiens comme Yves Lacoste ou Lucio Caracciolo qui y voient une forme de déterminisme simplificateur.

20. – Réseau
Le contrôle de l'élément fluide

Filet (*latin* rete) *composé de nœuds reliés par des liens. La réalité se révèle souvent plus complexe que cette image : les nœuds comme les liens n'ont pas toujours la même taille, les nœuds peuvent être simples ou composés de sous-ensembles, les nœuds peuvent être hiérarchisés comme dans le cas des* hubs and spokes[1]... *L'important réside dans la communication quasi immédiate entre les différents nœuds dont le* Web *(la « Toile ») constitue l'exemple le plus achevé. La distance est ainsi abolie : c'est l'*effet tunnel *qui laisse à l'écart tous les lieux intermédiaires : le* TGV *Paris-Lyon renforce ces deux métropoles mais marginalise les villes où le train ne s'arrête plus.*

Les moyens de communication constituent les réseaux par excellence. Ils représentent ainsi l'un des facteurs les plus importants de l'évolution géopolitique et géoéconomique. Leurs progrès contribuent à la mondialisation comme à la montée en puissance des acteurs organisés en réseaux ; on utilise par extension le terme de « réseau » pour désigner ces acteurs : firmes multinationales*, idéologies*, religions*, diasporas*, mafias*, ONG*... Face à eux, les acteurs qui s'organisent selon la logique territoriale, État-nation*, régions*, empires* ou cités-États.

J. Lévy [2008] décrit la planète actuelle comme une mosaïque de territoires* recouverte par les filets des

1. Système mis en place entre autres par les compagnies aériennes américaines qui consiste à organiser le trafic régional autour de centres de second rang eux-mêmes reliés à des centres de premier rang qui assurent le trafic national et international.

réseaux. L'image est juste à condition de ne pas en conclure à une supériorité des réseaux qui emprisonneraient peu à peu les territoires* dans leurs rets. Entre les deux formes d'organisation de la planète, réseau ou territoire, et entre les deux types d'acteurs qu'ils suscitent, les relations de coopération et d'affrontement perdurent.

21. – État-nation
À tout seigneur tout honneur

Entité en charge des destins de la collectivité nationale.

L'État-nation est caractérisé par sa cohésion, qu'elle naisse de caractères ethniques communs (comme le suggère l'étymologie) ou qu'elle manifeste la volonté de vivre ensemble par un « plébiscite de tous les jours » (E. Renan [1882] dans son débat avec Mommsen). Cette cohésion résulte en partie d'un véritable dressage des peuples amorcé avec la monarchie absolue et accentué par le XIXe siècle ; c'est alors que se parachève la constitution de l'État-nation sur les plans symbolique (adoption des drapeaux et des hymnes nationaux), organisationnel (développement de la bureaucratie), juridique, culturel (lutte contre les régionalismes) et économique (formation d'un marché domestique). Tous ces efforts contribuent à faire émerger le territoire* national au point que l'État-nation se définit aujourd'hui comme la forme d'organisation territoriale par excellence. En même temps, il devient État démocratique et État providence : le sentiment de former une communauté conduit la minorité à accepter la loi de la majorité et les riches à financer la solidarité avec les pauvres.

La cohésion fait ainsi la force de l'État-nation. Elle sert de socle à la démocratie qui fonde sa légitimité. Dès lors, seul l'État-nation aurait le droit d'exercer les pouvoirs régaliens qu'il a arrachés aux féodaux (rendre justice, exercer la force, émettre la monnaie). Le reste en découle, y compris l'intervention économique et sociale. Mais cette cohésion est menacée par la mondialisation qui engendre délocalisations*, migrations et « sécession » d'une partie des élites (R. Reich [1993]) ou de certaines régions*.

Ce que la mondialisation met en question, c'est la **nationalité**, c'est-à-dire le lien juridique qui fait d'un individu le membre de plein droit d'un État-nation[1]. Cette nationalité juridique s'acquiert de deux façons : par filiation (droit du sang) ou par naissance sur le territoire national (droit du sol). La plupart des pays n'admettent que le droit du sang (Asie, Proche-Orient, Afrique, Europe de l'Est). Le continent américain admet, à côté du droit du sang, le droit du sol ; la France (depuis 1889) et le Royaume-Uni font de même. La même répartition se retrouve entre les pays qui interdisent la double nationalité (les pays de droit du sang) et ceux qui l'autorisent. En donnant l'impression à chacun qu'il est devenu « citoyen du monde », la mondialisation remet profondément en question la notion même de nationalité.

Y. Lacoste [1993] conclut cependant : « La nation est redevenue l'idée-force de la géopolitique. » D'abord, la forme de l'État-nation s'est imposée dans le monde entier ; la plupart des empires* ont été démantelés, les cités-États restent peu nombreuses et vulnérables comme le démontre le sort de Hong Kong. À l'inverse, les États-nations se sont multipliés : la SDN comptait 45 membres fondateurs en 1919 et l'ONU 51 en 1945 ; le chiffre passe à 159 en 1990 et 197 aujourd'hui. Ils disposent de budgets de plus en plus importants : les dépenses des États les plus développés varient en 2010 entre 40 % (Japon, États-Unis) et

1. Au XIXe siècle, le terme avait un autre sens et désignait un peuple dominé qui aspirait à vivre ensemble – une nation qui cherchait à devenir un État. D'où le « principe des nationalités » défendu entre autres par le président américain Wilson.

57 % du PIB (France). Cela signifie que les administrations américaines géraient en 2015 5 600 milliards de dollars là où la première entreprise mondiale (WalMart) réalisait moins de 500 milliards de chiffre d'affaires. Viennent ensuite le Japon avec 2 500 milliards, l'Allemagne avec 1 550 milliards, la France avec 1 300 milliards, le Royaume-Uni avec 1 200 milliards. Les pays émergents rattrapent peu à peu les pays développés avec des dépenses publiques de l'ordre de 2 500 milliards de dollars en Chine et 300 milliards en Russie.

La multiplication des États-nations conduit cependant à nuancer la formule d'Y. Lacoste. Un clivage de plus en plus important oppose les États puissants, capables d'imposer leur volonté aux autres acteurs de la géopolitique, et les petits qui se sont multipliés tels la vingtaine de micro-États du Pacifique Sud. Sans réel pouvoir, les plus faibles de ces pays en sont réduits à servir de bases pour les réseaux* qui les utilisent : paradis fiscaux, pavillons de complaisance, centres de blanchiment d'argent…

La mondialisation contribue ainsi à faire voler en éclats l'illusion d'une égalité des États-nations que présupposent les organisations internationales comme l'ONU.

22. - Empire
Le mythe de la tour de Babel

Forme politique associant des peuples différents sous l'autorité d'un souverain qui préserve leurs particularismes. Généralement de grande taille, il prétend unifier le monde connu ou, du moins, un vaste ensemble géographique (Eurasie pour l'Empire russe…).

Le principe des nationalités* et l'idéal démocratique ont sapé la légitimité et provoqué le démantèlement des empires européens après la Première Guerre mondiale et des empires coloniaux après la Seconde. La notion s'est pourtant renouvelée en remplaçant le lien personnel avec le souverain par un lien abstrait avec une idée. Ainsi est née l'URSS. Aux États-Unis, la constitution inchangée depuis plus de deux siècles constitue un substitut au souverain et réunit des peuples dont le communautarisme garantit la diversité. Le « patriotisme constitutionnel » dont parle J. Habermas serait ainsi le dernier avatar de l'Empire. N'est-ce pas ce que l'Union européenne tente de réaliser ?

C'est que l'Empire s'appuie sur des mythes puissants qui auréolent encore Rome ou le « premier empereur » chinois : l'aspiration à l'unité, la paix réalisée entre les peuples (après conquête cependant). L'âge d'or ?

Les empires actuels n'en restent pas moins fragiles, menacés d'« hyperextension territoriale » comme le note Paul Kennedy dans le cas des États-Unis ou bien d'un relâchement du lien purement abstrait qui les relie au souverain idéologique. L'idée communiste a finalement résisté moins longtemps que la dynastie des Romanov.

23. – Région
L'entre-deux

Espace présentant une unité forte sans disposer de la souveraineté politique.*

Cette définition explique le caractère déroutant du terme qui peut s'employer aussi bien pour des espaces relativement limités (le Pays basque⁺, la Flandre) que pour des ensembles de taille continentale (on parle d'organisations économiques régionales dans le cas de l'ALENA ou de l'Union européenne). La région est l'intermédiaire tantôt entre le local et la nation, tantôt entre la nation et le mondial. Et dans les deux cas, puisque la souveraineté réside pour l'essentiel dans l'État-nation, la région est une réalité qui aspire à être sans être vraiment – l'entre-deux de la géopolitique.

La remise en question de l'État-nation permet le déploiement du régionalisme. Il peut être défini comme un effort des régions, à toutes les échelles, pour se doter de la souveraineté qui leur manque. Dans ce but, les régions de taille différente prennent en tenailles les nations : l'Union européenne a poussé les États membres à reconnaître le fait régional. Elle préfigure ainsi une nouvelle forme d'organisation spatiale fondée sur un emboîtement des territoires et des souverainetés selon le principe de subsidiarité. Une telle structure suppose cependant que s'instaure un équilibre stable entre les différents niveaux de souveraineté.

24. – Balkanisation
L'émiettement des territoires

En allusion à l'éclatement politique des Balkans+ depuis la fin du XIXe siècle, éclatement d'une région en plusieurs entités politiques sur une base identitaire.

Ce processus est invariablement source de conflits, d'un affaiblissement de la région ouvrant la porte aux interventions extérieures et souvent d'« épuration ethnique » par migration ou élimination physique des populations « indésirables ».

Le terme est aujourd'hui utilisé largement et parfois abusivement pour l'Afrique postcoloniale, le Caucase ou l'Irak, chaque fois que les frontières internationalement reconnues se trouvent contestées, souvent de l'intérieur, par des phénomènes centrifuges nés de leur non-coïncidence avec les peuplements humains.

Le phénomène est le résultat d'un échec : celui de la mise en application du principe du droit des peuples à disposer d'eux-mêmes, inscrit dans la Charte des Nations unies. Pour des raisons plus ou moins avouables, l'idée a cédé devant les impératifs de l'intangibilité des frontières.

S'il est vrai que la remise en cause de celles-ci aurait été un facteur d'instabilité et de conflit, la non-résolution du problème des identités n'est pas moins porteuse de crises passées et à venir.

L'un des problèmes que pose la balkanisation est l'apparition de petites ou de très petites entités territoriales manquant de moyens pour résister aux pressions des plus grands États comme à celles des réseaux (cf. État-nation).

25. – **Puissances.** *Grandes, super ou hyper* *Les économies d'échelle de la puissance*

Puisque la puissance est la capacité à agir, puissances qui peuvent agir plus que les autres.

On parle d'abord de « grandes puissances » au début du XXe siècle, puis de « superpuissances » pendant la guerre froide, et H. Védrine [2002] invente le terme d'« hyperpuissance » pour désigner les États-Unis du début du siècle.

Cette hypertrophie correspond à une concentration croissante de la puissance : de cinq à sept puissances comptaient en 1900 (États-Unis, Allemagne, Royaume-Uni, France, Russie et peut-être Autriche-Hongrie ou Japon), autant dans l'entre-deux-guerres (l'Italie se substituant à l'Autriche), deux pendant la guerre froide et une seule après 1991. C'est que « produire de la puissance » nécessite des investissements de plus en plus lourds que seuls les Grands peuvent assurer : les États-Unis réalisent environ 40 % des dépenses militaires et autant des dépenses de recherche mondiales. Ainsi, ils mettent en place des économies d'échelle géopolitiques dont sont incapables Européens et Chinois (pour l'instant).

La concentration de la puissance est-elle irréversible et le monopole inévitable à terme ? Ce serait oublier les déséconomies d'échelle qui, en géopolitique, prennent la forme de la surextension territoriale (voir Empire*).

Aujourd'hui, le monde tend d'ailleurs à redevenir multipolaire. L'idée d'une « hyperpuissance », si elle n'a jamais été vraie, est passée de mode. Y aurait-il des « déséconomies » d'échelle de la puissance ?

26. - Points cardinaux
Nord, sud, est, ouest

Au sens strict, les quatre principales orientations construites à partir du nord. Par extension, vastes espaces de la planète.

Il peut sembler paradoxal de faire des points cardinaux une force géopolitique parmi d'autres. Pourtant, ce choix permet de revenir aux racines de la géographie, car ces points désignent une place dans l'espace, mais aussi un milieu. Ainsi, l'opposition entre Nord et Sud conduit à se demander s'il n'existe pas des raisons géographiques au succès des pays développés, à commencer par le climat tempéré. Sur un mode plus symbolique, l'Est est vu depuis le début du XXe siècle comme le lieu où se lèvent de nouvelles forces – URSS autrefois, Chine aujourd'hui.

Aller plus loin en ce sens mènerait à un déterminisme simpliste. Il est d'ailleurs remarquable que ces directions soient fixées par rapport à l'Europe occidentale, en tout cas pour l'est et l'ouest ; il s'agit d'une organisation du monde dictée par le Vieux Continent. Par ailleurs, la coupure n'est pas seulement géographique : la Chine est souvent placée dans le Sud, alors que Pékin se situe à la latitude de New York ou de Madrid.

La coupure Est-Ouest se déterminait à partir de l'Europe, très précisément du mur de Berlin. Est et Ouest s'identifiaient à des systèmes, des idéologies et même des valeurs différents : d'un côté, l'individualisme ; de l'autre, le sens du collectif. Elle déterminait un monde bipolaire qui connaît son apogée dans les années 1950.

Comme l'avait pressenti A. Sauvy en parlant de tiers-monde, la décolonisation fait émerger une autre coupure, entre Nord et Sud. Son fondement est d'abord politique et culturel : la conférence de Bandoeng (1955) se consacre essentiellement à ces sujets (décolonisation de l'Afrique, affirmation des cultures nationales). Elle apparaît comme une réaction à l'expansion occidentale, et d'ailleurs l'Amérique latine, de culture européenne, n'était pas invitée. Le Tiers Monde s'identifie réellement au Sud lors de la première CNUCED (1965) lorsque naît le « groupe des 77 » qui rassemble tous ces pays. En même temps, l'accent est mis sur le sous-développement, et la coupure Nord-Sud devient aussi une coupure économique et sociale.

La fin de la guerre froide donne à penser que cette seule fracture compte aujourd'hui. En réalité, le Sud a éclaté depuis longtemps avec l'émergence des nouveaux pays industriels d'Asie puis de la Chine. Sont-ils en train d'intégrer le Nord ? Ou bien ne sont-ils pas en train de constituer un nouvel ensemble ? Pendant ce temps réapparaît la vieille coupure entre l'Ouest et l'Est, l'ancien et le nouveau, l'individu et la communauté, la liberté et l'autorité… Une coupure entre l'Occident et l'Orient autour de laquelle les Grecs organisaient déjà leur pensée politique.

27. – Thalassocratie
La mer impériale

Puissance fondée sur la domination de la mer (du grec thalassa*), qu'elle soit restreinte (l'antique Crète contrôlant la mer Égée) ou mondiale (l'Empire britannique).*

La géopolitique classique valorise l'opposition entre les puissances continentales et les puissances maritimes. Selon A. Mahan [1890], les secondes l'emportent à long terme sur les premières : le contrôle de la mer procure sécurité contre les invasions et approvisionnements lointains. Appuyées sur leur chapelet de ports, d'îles et de bases, les thalassocraties préfigureraient ainsi la victoire des réseaux* sur les territoires*. On peut d'ailleurs étendre la notion pour associer au contrôle des mers la maîtrise de tous les éléments fluides de l'économie – flux d'informations, de capitaux et de travailleurs... De ce point de vue, les États-Unis constituent la première thalassocratie moderne de l'Histoire.

Il ne faut pourtant pas négliger les forces que les empires maritimes tirent du contrôle de l'intérieur des terres : Venise autrefois de sa « Terre ferme », le Royaume-Uni de l'Inde ou, aujourd'hui, les États-Unis de leur vaste territoire – ressources du sol et du sous-sol, marché de consommation, force de travail... Une thalassocratie qui réussit n'est jamais seulement une thalassocratie.

28. – Complexe militaro-industriel (CMI) *Qui manipule qui ?*

Ensemble des administrations, des industries et des centres de recherche qui participent de l'effort militaire d'un pays. La formule vient du discours d'adieu à la présidence d'Eisenhower (17 janvier 1961) où il dénonce l'« influence excessive » de cette « gigantesque machine industrielle et militaire de défense ».

Les termes employés par Eisenhower identifient le complexe militaro-industriel à un *lobby* qui tire sa cohésion des liens puissants : liens économiques par les commandes du Pentagone, liens humains grâce aux officiers à la retraite qu'embauchent les entreprises et qui fournissent leur carnet d'adresses, liens idéologiques mêmes, car le patriotisme sert de ciment (ou de prétexte ?) à ce complexe hybride.

Reste à connaître son moteur : l'État qui mobilise les entreprises au service de la sécurité nationale ? Les sociétés d'armement qui poussent à la dépense et n'hésitent pas à manipuler l'administration ? Ou tout simplement la somme des intérêts particuliers qui encouragent une croissance indéfinie de leur secteur d'activité – c'est justement ce que signifie Eisenhower. Des schémas comparables se retrouvent dans le cas de l'agriculture ou de la santé où se sont formées de véritables administrations/entreprises hybrides animées du même instinct organique d'expansion, que freinent seuls le montant des dépenses et les limites du budget étatique.

29. – Firme multinationale (FMN)
Les nouveaux maîtres du monde ?

Entreprise implantée dans plusieurs pays. L'étymologie est claire, les définitions souvent subjectives. La CNUCED *se contente d'une seule implantation à l'étranger, alors que des économistes comme R. Vernon mettent la barre à six filiales au moins.*

Les FMN ont d'abord été « multidomestiques » (selon le terme de J. Savary [1981 ; 1992]) : guidées par une stratégie de marché, elles s'implantent pour produire là où elles vendent (comme General Motors et Ford en Europe). Avec la mondialisation, elles deviennent de plus en plus des « entreprises globales » qui obéissent à une logique de l'offre : elles implantent leurs différentes activités dans les régions du monde où cela est le plus rentable et intègrent chacune de ces « filiales-ateliers » (Michalet [1985]) dans une chaîne de production planétaire (c'est la DIPP ou décomposition internationale du processus de production). Les délocalisations leur font perdre, semble-t-il, toute attache avec leur territoire d'origine.

Les FMN ont-elles une patrie ? De nombreuses patries ? Ou aucune, comme le pensent ceux qui parlent de

« transnationales » ? Encore faudrait-il savoir ce qui fonde la nationalité d'une entreprise. Le rapport Lavenir [2001] s'y essaie en énumérant une vingtaine de critères comme l'origine des cadres dirigeants et des actionnaires, l'implantation du siège social, des sites de recherche et des unités de production, les principaux lieux de vente... Il constate qu'aucune entreprise du Cac 40 ne possède alors tous ces critères, mais que toutes en possèdent une nette majorité, ce qui l'autorise à parler dans leur cas d'un « centre de gravité français ». Une telle analyse étendue aux firmes asiatiques donnerait des résultats encore plus probants. Elle confirme que les grandes entreprises n'ont pas rompu tout lien avec leur pays d'origine.

Par ailleurs, la puissance des FMN, en comparaison de celle des États-nations, ne doit pas être exagérée (voir État-nation).

Ces deux constatations interdisent de faire des multinationales, même globales, les nouvelles puissances qui dirigeraient un monde organisé en réseau*.

30. – Religion
Dieu instrumentalisé ?

Ensemble des croyances qui relient l'homme à l'au-delà par l'intermédiaire de cultes assurés par de saints hommes. Quand ces derniers s'organisent en un clergé structuré, se forme une Église qui devient un acteur majeur de la géopolitique.

La géopolitique des religions conduit à poser deux questions majeures.

Les religions se comportent-elles comme des réseaux transcendant les territoires ? Sans doute certaines, généralement monothéistes, se prétendent-elles universalistes et visent à s'étendre à toute la planète (l'islam, le protestantisme évangéliste et le catholicisme, terme qui signifie justement « universel »). Elles n'y réussissent pourtant qu'imparfaitement, le centre de gravité du catholicisme restant en Europe et celui de l'islam dans le monde arabe, à La Mecque⁺. Par ailleurs, d'autres croyances s'identifient à une nation et à un territoire précis dont elles ne cherchent pas à déborder : ainsi le shintoïsme ou, dans une certaine mesure, le christianisme orthodoxe. Dans ce cas, la religion entretient des liens puissants avec le pouvoir politique.

Les religions sont-elles redevenues, après une éclipse partielle, l'un des acteurs privilégiés de la géopolitique ? A. Chauprade [2001] note que beaucoup de conflits qualifiés de « religieux » dissimulent des luttes entre peuples et nationalités comme en Irlande⁺ : ici les protestants descendants des colons anglais ou écossais s'opposent aux catholiques autochtones. Les affrontements entre Croates et Serbes ou entre Azéris et Arméniens ne visent pas la conversion de l'autre, mais le contrôle de terres considérées comme nationales. Plus que le fondement ultime des affrontements géopolitiques, la religion lui paraît une justification des diverses revendications territoriales.

À une autre échelle, S. Huntington [2007] a popularisé l'idée selon laquelle les grandes ères géoculturelles correspondraient aux principales religions mondiales ; elles ont façonné les représentations collectives et contribué à différencier les grandes civilisations qui, à ses yeux, restent irréductibles (voir Choc des civilisations). Pour lui, l'ancrage territorial caractérise les religions ; elles fondent l'identité et la diversité des peuples, même quand elles prétendent incarner la totalité de l'humanité.

31. – Idéologie
L'idée au service de l'épée

Ensemble d'idées organisées en une doctrine cohérente.

L'histoire contemporaine a consacré, semble-t-il, les idéologies comme acteurs majeurs de la géopolitique :

traditionalisme, libéralisme, socialisme et nationalisme au XIXe siècle, démolibéralisme, social-démocratie, communisme et fascisme au XXe. En fait, elles soulèvent les mêmes questions que les religions.

Comme les religions, elles développent des relations diverses avec les territoires : le nationalisme et le fascisme s'enracinent dans un sol et un peuple au point que l'idée d'« Internationale fasciste » (pourtant avancée à Montreux en 1934) paraît une contradiction. Le communisme qui entend porter la révolution dans le monde entier cherche à abolir dans un premier temps tout l'héritage russe – au point d'autoriser les nationalités à faire sécession (quatrième thèse d'avril 1917 de Lénine). L'Internationale communiste constitue un cas exemplaire de réseau avec son centre moscovite et ses partis-relais dans toute la planète. Mais dès 1935, face à la menace allemande, Staline réhabilite le passé russe. Comment expliquer le pacte germano-soviétique ? Par le sentiment que fascisme et démolibéralisme constituent deux systèmes capitalistes qu'il est souhaitable de laisser s'entre-détruire ? Ou par la volonté de récupérer des terres perdues par la Russie en 1918 ?

La réponse de D. Hamon [2007] est catégorique : derrière les mots de l'idéologie, les actes de la puissance. Poussés par une géographie contraignante, les dirigeants soviétiques poursuivent pour l'essentiel les mêmes objectifs que les tsars : unifier l'Eurasie, constituer un glacis* protecteur à l'Ouest comme à l'Est, accéder aux mers chaudes enfin. C'est ce que pressent le général de Gaulle dès le lendemain de la guerre. Ainsi, l'idéologie sert à dissimuler les intentions, à justifier les actions, à mobiliser les populations et à recruter des partisans au-delà des frontières : un paravent, un argument, un ciment et une arme. L'analyse vaudrait tout autant pour la France révolutionnaire de 1791 et pour les États-Unis libéraux.

32. – Diaspora
Un enracinement mythifié

Peuple dispersé à travers la planète.

Le terme fut d'abord réservé à la communauté juive qui, après plusieurs révoltes contre Rome, se vit expulsée de Jérusalem en 135. Il s'est peu à peu généralisé au point que la formule est parfois utilisée pour désigner toute communauté émigrée. Diaspora pourtant n'est pas simple migration. Plusieurs critères s'imposent :

– le départ résulte d'une rupture, moment fondateur qui assure la longue mémoire des diasporas ;
– le lien avec le territoire d'origine persiste, et avec lui l'espoir de revenir un jour sur la terre ancestrale. « L'an prochain à Jérusalem », ont répété pendant deux millénaires les juifs du monde entier lors des fêtes de Pâques ;
– des organisations religieuses et culturelles entretiennent ce lien et contribuent à une forme d'enracinement original, un enracinement à distance et mythifié.

Selon ces critères, les diasporas se limitent à quelques cas – Juifs (10 millions en dehors d'Israël), Libanais (12 millions), Arméniens (4 millions) auxquels on peut ajouter les puissantes communautés chinoises (environ 40 millions) et indiennes (20 millions).

Leur structure en réseau* les a prédestinées à jouer un rôle d'intermédiaire commercial et financier de premier plan, ce qui provoqua jalousies et persécutions. Rejetées par le pays d'accueil, elles se retrouvent souvent instrumentalisées et ponctionnées par le pays d'origine : la Chine comme l'Inde s'efforcent de mobiliser les capitaux de leurs ressortissants étrangers et Israël fait régulièrement appel à la générosité de la communauté.

Loin de démontrer la supériorité des « nomades* » sur les « terriens », le phénomène de diaspora prouve leur fragilité et leur dépendance à l'égard d'un territoire mythifié.

33. – Nomadisme
Un retournement à venir ?

Mode de vie caractérisé par un déplacement permanent, sans se fixer durablement sur un territoire.

La confrontation entre nomades et sédentaires est ancienne, provoquant l'opposition entre le droit de propriété des sociétés sédentaires et le droit d'usage et de prise des pasteurs et des pillards.

Le découpage politique du monde, la généralisation des modes de vie d'inspiration européenne ont fait prédire, dans les années 1970, la fin des nomades. Dans les États formés par la décolonisation, les gouvernements tentaient de fermer les frontières aux déplacements de ces populations apatrides, parfois accusées de trafic divers et de banditisme. Dans le même temps, une grande partie d'entre elles se sédentarisait, de gré ou de force. Par un renversement d'attitude, au Niger, les Touaregs revendiquent aujourd'hui des droits de propriété sur les ressources minières. Si les vrais nomades se sont raréfiés, ils représentent encore des groupes importants en Asie, en Afrique saharienne et subsaharienne.

Pourtant, alors que les frontières sont tracées et le sol réparti et organisé presque partout dans le monde, le nombre de personnes en déplacement ne cesse aujourd'hui d'augmenter. Déplacements saisonniers ou temporaires comme le tourisme et les migrations du travail, déplacements de populations réfugiées des conflits, déplacements demain des réfugiés climatiques, migrations temporaires ou définitives, les modalités sont nombreuses. Paradoxalement, ce sont des sociétés réglées et sédentaires du Nord qui, en encourageant la liberté de circulation des biens et des personnes, amènent la remise en cause de la notion de frontière* et ce retour en force des migrations.

La confrontation des cultures et des modes de vie, la pression sur des ressources en eau et en aliments, déjà rares dans certaines régions, sont potentiellement génératrices de tensions et de conflits. Les événements récents (préoccupations sécuritaires attisées par le terrorisme*, coût de l'énergie qui pèse sur les transports, crainte d'une perte de cohésion des sociétés du Nord) suffiront-ils à remettre en cause le retour des nomades ?

34. – Organisation non gouvernementale (ONG) *La force du bien ?*

Selon la définition du Conseil de l'Europe, organisation créée par un acte de droit privé, à but non lucratif d'utilité internationale, agissant dans au moins deux États.

Si la première ONG, la Croix-Rouge, apparaît en 1863, c'est surtout depuis les années 1970 que le phénomène s'est généralisé parallèlement à la mondialisation. On estime les ONG aujourd'hui à 30 000 ou 40 000 dont près de 3 000 bénéficient d'un statut consultatif auprès de l'ONU.

Leur puissance vient de leur richesse (le budget de Greenpeace atteint 210 millions d'euros en 2012) et de leur capacité à mobiliser les médias et l'opinion*. Se réclamant d'un monde meilleur, elles se placent sans état d'âme du côté du bien, et cette intime conviction fait leur force. Elles ont fait céder entreprises et États : en 1995, Greenpeace contraint Shell à démanteler une plate-forme pétrolière, en 1996, la France renonce à ses essais nucléaires dans le Pacifique que dénonçait l'ONG.

Les limites des ONG tiennent à leurs contradictions : entre morale affichée et pratiques entrepreneuriales ; entre apolitisme et dépendance à l'égard d'États-nations qui leur apportent subventions et soutiens ; entre idéal démocratique et légitimité autoproclamée ; entre sollicitude pour le Sud et volonté de le façonner selon les valeurs du Nord.

Dans de nombreux pays émergents, cette attitude passe au pire pour du « néocolonialisme », au mieux pour de l'hypocrisie : ne s'agit-il pas en fait de casser leur compétitivité en leur imposant des contraintes pesantes – restrictions énergétiques, non-exploitation des matières premières, hausse des cotisations sociales ?... S'ajoute la crainte, parfois réelle, que certaines ONG soient manipulées par les « services » du Nord et permettent d'implanter des espions dans le pays.

Et si, plus que des valeurs, les ONG défendaient les intérêts du Nord ?

35. – Mafia
Une mondialisation interlope[1]

Organisation criminelle constituée en une contre-société dotée d'une hiérarchie, de rites et de règles qui établissent son « code d'honneur » et garantissent cohésion et imperméabilité, le secret venant en tête de ces règles. Le phénomène n'a rien de nouveau, mais Cosa Nostra, *qui apparaît en Sicile vers 1860, le perfectionne à tel point que le mot de « mafia », d'origine italienne, s'est imposé comme un terme générique.*

Le premier problème que posent les mafias est celui de leurs relations avec le pouvoir en place. Elles attendent de lui qu'il ne se mêle pas de leurs affaires, d'où des efforts pour le corrompre en rendant des services comme le soutien électoral et financier. Quand l'accord est impossible, comme ce fut le cas dans l'Italie de Mussolini, elles le combattent, certains *mafiosi* aidant les Américains à débarquer en Sicile.

1. Selon la formule de Cédric Tellenne [2006].

Deuxième question, les relations avec le territoire où elles s'enracinent, phénomène particulièrement net en Italie où l'ancrage est régional (la *Camorra* à Naples, la *Santa Corona* dans les Pouilles, la *'Ndrangheta* en Calabre). De ce terreau, elles tirent leur recrutement et souvent un soutien populaire par la contrainte ou la manne qu'elles distribuent. Les grandes migrations des XIXe et XXe siècles ont pourtant permis leur dissémination : la *Cosa Nostra* sicilienne s'est greffée sur le sol américain. Puis la fin du XXe siècle voit se développer les liens entre les différentes *mafias*, autrefois méfiantes et même xénophobes.

En troisième lieu, il faut s'interroger sur l'évolution des pratiques mafieuses. Longtemps spécialisées dans le racket, la prostitution et le jeu, elles se sont concentrées sur le trafic de drogue qui générerait entre 300 et 1 000 milliards de dollars par an. Une véritable division du travail se met en place entre pays producteurs de la matière première, pays transformateurs, pays passeurs… Mais ce commerce est dangereux et lourdement condamné. Elles se recentrent donc sur la contrefaçon ou l'immigration clandestine, beaucoup moins sanctionnées. Par ailleurs, le blanchiment de l'« argent sale » leur fournit des fonds qu'elles peuvent investir dans des activités financières ou immobilières, les *capi* prenant l'allure de managers modernes.

36. – Opinion internationale *Qui la manipule ?*

Jugements, avis plus ou moins étayés qui prédomineraient à l'échelle de la planète, témoignant de l'émergence d'une société civile mondiale.

Il semble que les gouvernements doivent de plus en plus tenir compte de l'opinion internationale. L'indignation provoquée par la répression chinoise au Tibet a conduit Pékin à renouer les discussions, même informelles, avec le dalaï-lama (2008). Le changement d'image qui a affecté l'URSS dans les années 1970 (expulsion de Soljenitsyne, invasion de l'Afghanistan, refus de laisser émigrer les Juifs...) a contribué à isoler ce pays.

Pourtant, la puissance de l'opinion internationale pourrait bien n'être qu'illusion.

D'abord, elle est moins force qu'enjeu. Les ONG*, les médias, les idéologies* la façonnent ; les gouvernements l'instrumentalisent en utilisant les services d'agences internationales de communication ; les États s'efforcent de la manipuler, chez eux ou à l'extérieur, pour faire prédominer leur point de vue. L'un des exemples les plus connus est celui du Koweït⁺ qui utilisa les services d'une agence de communication américaine pour mobiliser l'opinion des États-Unis contre l'invasion irakienne. Une version moderne du « bourrage de crâne » de la Première Guerre mondiale.

Ensuite, l'opinion « internationale » ne représente qu'une petite portion de la population de la planète. Il s'agit en fait des habitants du Nord ou plutôt, parmi eux, de ceux qui s'expriment. Restent en dehors la « majorité silencieuse » et surtout les peuples du Sud. Que pensaient les Chinois de la campagne organisée contre les Jeux de Pékin ? Les manifestations plus ou moins spontanées qui se sont déroulées en Chine démontrent au moins que beaucoup faisaient corps derrière leur gouvernement. Il n'y aurait donc pas une « opinion mondiale » en gestation, mais diverses opinions nationales rarement convergentes.

Encore une fois, la réalité des États-nations* et, au-dessus d'eux, des grandes civilisations reste incontournable. Le problème de l'opinion « éclairée » du Nord, c'est qu'elle se croit universelle...

CHAPITRE III

Brutales ou insidieuses

Les armes

La guerre n'est plus ce qu'elle était. Les deux conflits mondiaux et la possession de l'arme atomique en ont radicalement changé la face. La menace de l'embrasement généralisé a conduit à une dispersion des armes et des formes d'affrontement. En effet, si de nos jours l'affrontement entre les puissances passe encore par le recours à la violence, il est également le fait de pressions, d'influences, de séduction. En outre, l'usage de la force n'est plus le seul apanage des États ; au-delà du cadre national, il tend à se mondialiser (piraterie, terrorisme), en deçà à se tribaliser (guerres civiles).

37. – *Hard & soft power* *Arès et Aphrodite*

Les deux « faces du pouvoir », selon Joseph Nye [1992].

Le *hard power* représente la forme la plus traditionnelle du pouvoir : selon Nye, il est synonyme de contrainte et suit un gradient qui mène du commerce – le pouvoir d'acheter – jusqu'à la guerre en passant par les pressions politiques ou encore le pouvoir de commandement. Il repose sur le potentiel démographique, militaire, géographique d'un État. C'est ce pouvoir que l'on retrouve sur le champ de bataille, lors d'un blocus commercial ou encore dans les rapports de force qui régissent les grands organismes internationaux. En somme, puissance et *hard power* se sont confondus durant des siècles.

Le *soft power* serait une nouvelle forme de la puissance « quand les règles du jeu changent ». Cet autre aspect du pouvoir « consiste à obtenir des autres qu'ils veuillent la même chose que vous ». La séduction, la persuasion deviennent ses vecteurs privilégiés. Le *soft power* est ainsi associé à des ressources de puissance intangibles telles que la culture, l'idéologie et les institutions, tout ce qui, en somme, permet à un acteur de faire adopter aux autres les choix qui lui conviennent. En cela, le *soft power*, loin de s'opposer au *hard power*, le complète : « Le pouvoir de cooptation par la douceur a autant d'importance que le pouvoir autoritaire. Si un État est capable de légitimer son pouvoir aux yeux des autres, il rencontrera moins de résistance pour les faire plier à ses vœux. »

Les notions de *hard* et de *soft power* sont en réalité indissociables d'un débat qui anime les politologues américains depuis une vingtaine d'années. Contre ceux qui prédisent un déclin des États-Unis en considérant les instruments traditionnels du pouvoir, Joseph Nye, ancien conseiller de Bill Clinton, fait observer que seule l'Amérique maîtrise au plus haut niveau *hard* et *soft power*.

38. – Guerre totale
La face noire du hard power

Guerre qui mobilise toutes les armes (militaires, mais aussi économiques, idéologiques…).

L'expression apparaît en 1935 sous la plume de Ludendorff, ancien général en chef de l'armée allemande pendant la Première Guerre mondiale. Tournant le dos à Clausewitz [2006] pour qui la guerre devait être subordonnée au politique, Ludendorff affirme que, « dès qu'un pays a décidé de faire la guerre, il met les forces armées, l'économie du pays et le peuple lui-même à la disposition du chef qui aura à conduire cette guerre ».

La guerre totale implique une mobilisation sans pareille des hommes, de l'appareil productif et des finances. Bien souvent, d'ailleurs, l'ampleur de la mobilisation a induit un renforcement de l'État au terme du conflit ; ainsi, l'interventionnisme des années 1930 est indissociable du dirigisme expérimenté entre 1914 et 1918. Cette guerre se gagne autant sur les champs de bataille que dans les esprits par la propagande. En ce sens, elle ne se limite pas aux deux conflits mondiaux qui en sont l'archétype : les guerres de Sécession et du Paraguay au XIXe siècle ou, plus récemment, le conflit Iran-Irak en sont d'autres manifestations.

Rarement planifiée, la guerre totale n'est bien souvent qu'une conséquence désastreuse de l'enlisement des conflits et de la « montée aux extrêmes » (Clausewitz [2006]) qui en résulte. Dans l'après-1945, l'arme nucléaire devient le principal obstacle à la guerre totale qui aurait alors signifié l'embrasement généralisé.

39. – Épuration ethnique
Non plus triompher mais annihiler l'adversaire

Politique visant à homogénéiser un État sur des critères ethniques ou supposés tels.

L'expression « épuration ethnique » (parfois appelée « purification » ou « nettoyage ») est apparue dans l'histoire moderne lors de la guerre de Bosnie (1992-1995). Rarement invoquée au grand jour par ses tenants, elle est synonyme d'expulsions, de déportations, voire de massacres. Si l'expression est relativement récente, la pratique est, quant à elle, très ancienne puisqu'on en trouve des traces dans l'Ancien Testament. Au XXe siècle, elle devient courante : génocide arménien (1915-1916), déportations de peuples allogènes sous Staline dont les Allemands de la Volga (1941), Shoah (1941-1945)... Plus récemment, une politique de « nettoyage ethnique » a été menée en ex-Yougoslavie par les Serbes (à l'égard des Bosniaques et des Kosovars musulmans entre 1992 et 1998, mais aussi par les Croates contre les Serbes en Krajina), au Rwanda (génocide des Tutsi par les Hutu en 1994), au Darfour (depuis 2003)...

Fréquemment associé à la notion de « crime contre l'humanité », le nettoyage ethnique est couramment invoqué afin de justifier le droit d'ingérence*. Son usage est néanmoins polémique comme l'attestent les vifs débats sur la politique actuelle d'Israël en Cisjordanie.

40. – Guerre juste
Heureux les épis murs

Guerre légitimée par ses fins.

Cette notion plonge ses racines dans l'Antiquité chrétienne. Alors qu'elle a disparu du catéchisme catholique, elle a été repensée récemment par le philosophe américain Michaël Walzer (1935-) [1999] dans une perspective à la fois pragmatique et humaniste. Selon lui, le caractère juste d'un conflit doit transparaître dans ses motifs, son déroulement et enfin dans le règlement de la paix. D'abord, on ne doit recourir à la guerre qu'en dernier ressort quand il apparaît certain que les autres solutions (blocus, sanctions commerciales...) sont vouées à l'échec. Plus délicat encore, Walzer précise que la justesse du combat repose sur le fait que la probabilité du succès doit être supérieure aux dommages matériels et aux pertes humaines qui auraient eu lieu sans intervention.

Reste à savoir ce qui justifie la guerre : la foi autrefois ; la nation aux XIXe et XXe siècles quand Péguy chantait *Heureux les épis murs* ; la victoire du communisme pour les Soviétiques et les Chinois ; les Droits de l'homme aujourd'hui… La guerre juste se révèle très représentative de l'évolution des valeurs suprêmes d'une société – celles pour lesquelles on se dit prêt à mourir, ou à tuer.

Car la guerre juste reste une guerre ; elle la justifie, elle décrit l'adversaire comme un être qu'il est légitime de combattre, elle peut même le faire douter. Elle additionne ainsi l'efficacité du *hard power* et du *soft power*.

41. – Pacifisme
Pas toujours pacifique…

Idée et pratique qui visent à la disparition de la guerre.

De la paix de Dieu au Moyen Âge jusqu'à la non-violence prônée par Gandhi en passant par la Charte de l'ONU, le pacifisme a été élevé par bien des groupes humains au rang de valeur suprême. Il jouit souvent d'une sympathie immédiate dans les opinions publiques modernes et se renforce après les grands conflits modernes (pacte Briand-Kellogg en 1926 qui déclare la guerre « hors-la-loi » ou encore Préambule de la Déclaration de l'ONU en 1945), lors des veillées d'armes (menaces de grève générale en août 1914) ou quand les conflits s'enlisent (des tranchées de 1916 au bourbier vietnamien).

Poussé à l'extrême, le pacifisme va jusqu'à l'acceptation de la soumission : « Plutôt rouges que morts », scandaient les pacifistes allemands au début des années 1980. N'est-ce pas une prime donnée à l'agresseur, voire un encouragement à celui-ci ? Il peut même être instrumentalisé comme dans le cas de l'appel de Stockholm (1950) manipulé par Moscou.

La **non-violence** refuse l'usage de la force, mais pas l'affrontement ; il s'agit d'utiliser d'autres moyens pour arriver à ses fins (grèves de la faim, manifestations, pétitions, boycotts…). Parfois, cette stratégie s'explique par le sentiment que l'adversaire est beaucoup plus puissant :

en utilisant des moyens pacifiques, on évite de le radicaliser ; mieux, on suscite des interrogations dans son camp troublé par la mauvaise conscience. Au *hard power* dont il est dépourvu, le non-violent substitue le *soft power*. Dans ce cas précis, le pacifisme pourrait bien constituer l'arme privilégiée des faibles… avec le terrorisme* qui est pourtant son antithèse.

42. - Désarmement
Une paradoxale menace pour la paix ?

Processus qui visent à limiter le stockage et/ou l'usage d'armes destructrices.

Le prototype en est le protocole de Genève de 1925 prohibant l'emploi de gaz asphyxiant et d'armes bactériologiques. Depuis, le désarmement concerne tous les domaines, en particulier l'arme atomique pour laquelle les deux Grands ont conclu des accords bilatéraux (accords SALT, START, traité FNI), tandis que de nombreuses puissances ont cherché à limiter sa prolifération (traité de non-prolifération, 1968) – il s'agit, aujourd'hui, d'une préoccupation majeure de la diplomatie américaine.

La plus grande difficulté des traités de désarmement consiste dans leur respect et leur vérification. Ainsi, l'AIEA (Agence internationale de l'énergie atomique, fondée en 1953) est-elle chargée notamment de l'application du Traité de non-prolifération, non sans difficultés (Iran). Si le désarmement général est, sur le papier, réclamé par l'Assemblée générale de l'ONU depuis 1978, il demeure un horizon théorique. En effet, un désarmement global pourrait mettre en péril la sécurité collective* en mettant fin à la dissuasion*.

43. - Arme nucléaire
Une démocratisation à hauts risques

Arme de destruction massive dont la puissance est produite par l'énergie atomique.

L'arme nucléaire est issue de la course menée par les scientifiques alliés durant la Seconde Guerre mondiale (projet Manhattan qui permet l'explosion de la première bombe atomique à Hiroshima le 8 août 1945). Monopole des deux Grands (l'URSS l'acquiert en 1949) qui par ailleurs maîtrisent la bombe H cent fois plus puissante dès le début des années 1950, elle contribue à renouveler en profondeur la géopolitique mondiale. En effet, elle confère à ses détenteurs un avantage décisif mais réciproque dès lors qu'au moins deux la possèdent. À partir du milieu des années 1960, la maîtrise des missiles intercontinentaux rend techniquement possible la destruction mutuelle de l'Est et de l'Ouest. Dès lors, et non sans paradoxe, l'arme ultime devient le ciment d'une paix nécessaire qui, en cas de rupture grave, signifierait l'embrasement du monde. La menace de son usage est d'ailleurs au cœur de graves crises internationales (Cuba en 1962, crise des missiles en Europe au début des années 1980). C'est pourquoi elle est l'enjeu d'âpres négociations entre les deux Grands (accords SALT dans les années 1970, START dans les années 1980). En somme, l'arme nucléaire a neutralisé le risque d'un conflit global durant la guerre froide.

Rapidement, cependant, Washington et Moscou perdent leur monopole (le Royaume-Uni la possède en 1952, la France en 1960, la Chine en 1964, plus tard l'Inde, le Pakistan et Israël). Les États-Unis ont cherché à endiguer ce développement avec le Traité de non-prolifération (1968) qui s'est conclu par un demi-échec (l'Inde, le Pakistan et Israël ne l'ont pas signé, la Corée du Nord en est sortie). Aujourd'hui, l'avenir est porteur de risques ; plusieurs pays menacent de se doter de l'arme nucléaire sans contrepartie (Iran, Corée du Nord).

Il est symptomatique dès lors que l'hyperpuissance américaine cherche à dépasser l'arme nucléaire en développant une stratégie de boucliers antimissiles qui la mettraient à l'abri du feu atomique. Comme toute invention, l'arme nucléaire n'est-elle pas appelée à être périmée ?

44. – Représailles massives
Ne vaut que si l'adversaire est inférieur

Doctrine militaire élaborée par l'administration Eisenhower et rendue publique par le secrétaire d'État John Foster Dulles en janvier 1954.

Les « représailles massives » (*massives retaliations*) constituent la première théorie cohérente de dissuasion nucléaire. Washington prévient qu'il répondra à toute agression communiste par le recours au feu nucléaire : représailles immédiates, totales (tout l'arsenal peut être employé) et visant les grandes villes et les centres industriels.

La menace du recours aux représailles massives est utilisée en 1953 en Corée, mais surtout lors des crises de Quemoy (1954) et Matsu (1958), deux îlots taïwanais menacés par la Chine populaire. Menant une « politique au bord du gouffre », Dulles parvient à faire reculer Pékin. Entre-temps, la doctrine américaine est devenue en 1956 doctrine officielle de l'OTAN.

Toutefois rapidement, la dissuasion* occidentale perd de sa crédibilité face aux missiles intercontinentaux soviétiques qui font craindre le risque d'un embrasement généralisé. Preuve que la stratégie des représailles massives n'était brandie que dans la mesure où les États-Unis ne craignaient pas la contre-offensive.

45. – Riposte graduée
Vaut quand l'adversaire est de taille égale

Doctrine militaire définie en 1962 par Robert McNamara, secrétaire à la Défense du président Kennedy, en substitution à celle des « représailles massives ».

Alors que les États-Unis et l'URSS possèdent la technologie balistique qui rend la destruction mutuelle envisageable, l'administration Kennedy estime que les conflits futurs ne seront pas tant nucléaires que conventionnels. Dès lors, la nouvelle doctrine, sans exclure le recours au feu nucléaire, établit que la riposte à une agression soviétique se fera au même niveau, en utilisant les mêmes armes.

Au nom de cette logique, Kennedy et son successeur Johnson engagent les troupes américaines au Vietnam. Adoptée par l'OTAN en 1967, la doctrine de la riposte graduée régit durant près de vingt ans le système de défense américain.

46. – *Containment*
L'ancienne doctrine d'un monde bipolaire

Doctrine américaine énoncée devant la guerre froide, visant à endiguer le communisme.

La théorie du *containment* est posée par le président Truman en mars 1947 : il s'agit de contenir l'expansion communiste « tous azimuts ». Le *containment* adopte d'abord un visage économique (plan Marshall) puis militaire (OTAN en 1949, ANZUS en 1951 et OTASE en 1954).

Dans les années 1950, le secrétaire d'État du président Eisenhower, John Foster Dulles, propose d'infléchir le *containment* qu'il trouve trop modéré. Son ***roll back*** prétend refouler le communisme, notamment en Europe de l'Est.

En réalité, Eisenhower s'en tiendra au classique *containment* qu'il appliquera à l'Asie et au Proche-Orient. Au fond, même si le terme est peu usité par la suite, le *containment* ne cesse d'être la doctrine américaine face à l'URSS jusqu'à la chute de cette dernière.

47. Dissuasion
La paix par la peur

Stratégie liée à la possession de l'arme atomique.

Plus généralement, elle peut s'entendre comme une reformulation du célèbre adage latin par lequel celui qui veut la paix prépare la guerre. Dans la logique de dissuasion, il s'agit avant tout de préserver la paix en montrant à l'adversaire qu'un conflit serait sinon perdu d'avance, du moins catastrophique. La détention d'un arsenal performant, la recherche permanente de la supériorité technologique mais aussi la propagande, les négociations, voire les pressions et les menaces sont au cœur de la dissuasion.

La dissuasion a fait ses preuves, de la « diplomatie au bord du gouffre » avec la Chine à celle des SS20 en Europe en passant par la crise des fusées à Cuba. Néanmoins, elle a montré ses limites face à la prolifération nucléaire (Israël, Inde, Pakistan…), tandis que la rivalité permanente entre les deux Grands a sans cesse accentué le risque du recours au feu atomique. Dès lors, la condition de survie de la dissuasion a résidé en un désarmement* négocié. C'est à ce prix que les grandes puissances ont conservé leur privilège militaire tout en réduisant les risques d'un affrontement. Dans un monde complexe où chaque puissance régionale réclame son droit à l'atome, la dissuasion est à la fois nécessaire pour la paix mondiale et extraordinairement délicate à instaurer.

48. - Guérilla
Quand les militaires sont les cibles des civils

Terme né dans le contexte de la résistance espagnole contre les troupes napoléoniennes ; il signifie « petite guerre ». Par extension, il désigne un art du combat asymétrique, pratiqué par des combattants en faible nombre, privilégiant l'embuscade ou le sabotage à l'attaque frontale. Leurs cibles, en général des forces de conquête ou d'occupation, sont militaires, ce qui les différencie des terroristes.

Les guérilleros, dont beaucoup sont des civils en armes, jouissent d'atouts décisifs dans leur lutte : leur mobilité, leur art de la dissimulation et, souvent, le soutien des populations, parfois spontané, parfois acquis par la terreur. Certains guérilleros ont acquis le statut d'icônes ; que l'on songe à Emiliano Zapata ou encore Che Guevara.

La guérilla s'est avérée être un outil extrêmement puissant. Depuis 1945, les défaites militaires essuyées par les grandes puissances résultent principalement de la guérilla : l'Algérie pour la France, l'Angola et le Mozambique pour le Portugal, le Vietnam ou l'Irak pour les États-Unis. Pourtant, toutes les guérillas ne réussissent pas : en Malaisie et au Kenya, les Anglais ont su trouver des soutiens nombreux dans la population pour isoler des rébellions essentiellement chinoises (Malaisie) ou kikuyu (Kenya). Che Guevara lui-même, sans réel soutien parmi les paysans indiens, a été tué en Bolivie, et les maquis FLN ont été largement démantelés par la France en Algérie.

La plupart du temps, la victoire des guérilleros n'est pas militaire mais politique : en provoquant l'enlisement du conflit, ils le rendent vite coûteux et impopulaire aux yeux de l'opinion publique adverse.

49. – Terrorisme
Quand les civils sont pris pour cible

Action violente et organisée à des fins politiques dont les effets psychologiques excèdent de beaucoup ses dommages purement physiques.

Si le terrorisme est parfois le fait d'États (ainsi dans le cas du contre-terrorisme comme le GAL suscité par l'Espagne contre l'ETA), il procède en général de petits groupes prêts à donner leur vie au service d'une cause. Son action le rapproche parfois de la guérilla*, mais il s'en distingue en ce qu'il vise avant tout des civils innocents. Indéfectiblement lié aux médias qui constituent sa chambre d'écho, le terrorisme est devenu à l'âge démocratique le moyen de peser sur les dirigeants en s'attaquant à leurs électeurs.

Le terrorisme s'illustre surtout à partir de 1850 avec les anarchistes dont les actions sont particulièrement spectaculaires (assassinats du tsar Alexandre II en 1881, du président français Sadi Carnot en 1894…). À l'anarchisme succède le combat anticolonialiste et nationaliste dont l'IRA comme les Tigres tamouls furent l'illustration. Dans les années 1960, le terrorisme d'extrême gauche (Brigades rouges, Action directe, fraction Armée rouge) frappe les esprits. De nouveaux moyens sont mis au point dont, notamment, le détournement d'avions, spécialité des Palestiniens. Depuis une vingtaine d'années, le terrorisme est surtout devenu la forme d'action d'un islamisme radical.

Dans la plupart des cas, les mouvements terroristes se sont soldés par des échecs retentissants. Il est tentant de se demander si leur jusqu'au-boutisme n'a pas tendance à faire de la terreur une fin et non plus un moyen. Le terrorisme d'al-Qaida ne figurerait ni plus ni moins qu'une « géopolitique du chaos » (F. Encel), la promesse d'un embrasement du monde occidental sans contrepartie politique pour le monde arabo-musulman.

50. – Piraterie
À l'assaut du commerce mondial !

Attaque de navires commerciaux pour s'emparer de leur cargaison.

Héritière d'une longue tradition, la piraterie connaît une seconde naissance depuis le début des années 1990 et l'avènement d'une mondialisation qui prend la forme d'une maritimisation de l'économie. On dénombre aujourd'hui environ 250 actes de piraterie par an dans le monde, contre 30 seulement en 1990.

La piraterie procède de facteurs géopolitiques et géo-économiques : pauvreté, faiblesse de l'État, côtes au large desquelles passent de grandes routes maritimes, proximité d'un détroit stratégique, tradition de navigation, insularité sont autant de facteurs décisifs à son essor dans un contexte d'intensification des échanges maritimes qui transforme les cargaisons en richesses convoitées. Son épicentre est double : l'Asie du Sud-Est (Indonésie), d'une part ; les côtes africaines, d'autre part (Somalie). Dans la droite lignée des années 1960, quand sévissaient les « pirates de l'air », elle s'acoquine avec le terrorisme* ; en 2002, des pirates thaïlandais ont tenté de s'emparer de matières premières radioactives pour le compte d'Al-Qaida. Dans un autre registre, la piraterie concerne de plus en plus un autre océan, le Web, et prend la forme de cyberconflits*.

51. – Cyberconflit
La piraterie des Temps modernes

Opération militaire dans laquelle l'informatique a remplacé les armes conventionnelles – le terme est dérivé de l'anglo-saxon cyberwar *ou* cybernectic war.

Le cyberconflit peut être comparé à un *Blitzkrieg* de l'ère d'Internet. Les buts poursuivis par les attaquants sont multiples : briser des défenses informatiques, dérober des informations contenues sur des disques durs adverses, brouiller des communications, détruire des informations cruciales, diffuser de la propagande… Dans ce nouvel art de la guerre (*warfare*), les facteurs financiers et humains sont en grande partie remplacés par le savoir et la technologie.

Si la guerre cybernétique est récente, son ampleur est aujourd'hui grandissante à tel point que certains considèrent notre période comme celle d'une « cyberguerre froide ». En effet, 120 pays auraient développé des stratégies d'utilisation d'Internet à des fins tactiques. Le Département d'État américain estime d'ailleurs que l'espionnage industriel *via* Internet atteint aujourd'hui le niveau qu'il avait durant la guerre froide.

Ainsi, en 2002-2003, les États-Unis ont-ils été la cible d'attaques d'une grande ampleur baptisées *Titan Rain*. Ces opérations concertées ont visé de grandes firmes américaines ainsi que des organismes fédéraux dont le département de la Défense et celui de l'Énergie. À chaque fois, la Chine a été désignée comme l'assaillant, elle qui a élaboré, en 1999, une doctrine de conflit cybernétique s'appuyant sur deux structures : l'une est étatique – elle repose sur les 2e et 3e bureaux de l'Armée populaire de libération, chargée du renseignement militaire –, l'autre est semi-privée – le gouvernement fait appel à des hackers chinois.

Si les attaques de *Titan Rain* ont bien été lancées depuis le Guangdong, il reste cependant difficile de prouver leur caractère officiel. Car, et il s'agit là d'une nouveauté dans l'art de la guerre, l'attaquant ne se déclare plus. À l'image de l'ancienne ligne Maginot, chaque pays, chaque entreprise mondiale doit désormais bâtir un réseau de défense informatique en attendant un hypothétique ennemi.

52. – Impérialisme
La tentation de la puissance

Doctrine qui considère que leur puissance autorise certains États à étendre leur influence, voire leur domination, en dehors de leurs frontières.

Si elle fait référence, au moins dans l'étymologie, à l'Empire romain, elle désigne plus sûrement le colonialisme européen qui a débuté au XVIe siècle et a connu son apogée à la veille de la Première Guerre mondiale. Le monde était alors divisé en vastes empires dont le plus important était l'Empire britannique. L'impérialisme, alors à la fois moteur et expression de la puissance européenne, devient le prisme à partir duquel la diplomatie, le commerce, la guerre mais aussi la société sont pensés. Ses théoriciens défendent sa nécessité (Kipling voit la colonisation comme le « fardeau de l'homme blanc », tandis que Jules Ferry se réclame d'une « mission civilisatrice »), condition de la puissance nationale (pangermanisme en Allemagne) et plus généralement de la croissance économique (« sphère de coprospérité » au Japon).

L'impérialisme suscite résistances (sous la forme de guerres ou de guérillas*), rejet (par les populations, une fois dominées) et critiques (souvent au sein même des pays impérialistes). Ses plus violents dénonciateurs ont été les marxistes, en particulier Lénine [1916]. Le père de la révolution de 1917 estimait que l'impérialisme découlait de la nécessité pour le capitalisme de s'exporter dans de nouveaux pays où il pourrait restaurer ses profits, en baisse dans les vieux pays industriels.

Paradoxe encore, depuis la fin des empires européens qui a suivi la Seconde Guerre mondiale et l'écroulement de l'URSS, l'impérialisme demeure, bien que renouvelé. Les États-Unis ont succédé à l'Europe+ comme puissance impériale ; jouant du *hard* mais surtout du *soft power**,

Washington place ses pions à son avantage sur l'échiquier mondial, notamment en Afrique et en Asie qui sont les zones clés de demain. Dans un autre registre, on voit subsister des zones d'influence qui sont autant de formes rémanentes d'empires passés. En témoigne la « Françafrique » que ses critiques taxent de « néocolonialisme ». Enfin, preuve que l'impérialisme n'est pas mort, la Chine, anciennement dominée, se lance, elle aussi, dans une nouvelle « course au clocher » en Afrique⁺.

53. – Isolationnisme
La tentation de l'innocence

Doctrine politique, essentiellement américaine, qui proclame la nécessité pour les États-Unis de limiter leurs relations avec le monde.

Texte fondateur de l'isolationnisme, le message d'adieu de G. Washington (1796) appelle les Américains à ne signer aucun accord politique ni militaire permanent. Le conseil concerne surtout l'Europe par crainte de se voir entraînés dans ses querelles et, par enchaînement, dans des guerres que le peuple américain n'aurait pas décidées. Cette doctrine est réaffirmée en 1823 par le président Monroe. L'isolationnisme constitue dès lors le corollaire de l'exceptionnalisme américain, le sentiment que les États-Unis constituent un pays radicalement différent de l'Europe et, pour tout dire, supérieur.

Dans la pratique, l'isolationnisme atteint son apogée après la Première Guerre mondiale, quand les États-Unis refusent de ratifier le traité de Versailles et de participer à la SDN. Il souffre cependant de nombreuses limites et se double d'un impérialisme* dirigé d'abord vers l'Amérique latine qui donne lieu à une formulation théorique avec le corollaire Roosevelt de la doctrine Monroe (1904).

La motion Vandenberg (1948), qui autorise la création de l'OTAN, marque un tournant, puisque les États-Unis participent à la première alliance durable de leur histoire. L'isolationnisme n'a pourtant pas tout à fait disparu. Ainsi, le maccarthysme peut-il être compris comme une réaction isolationniste à l'entrée en guerre froide. Quant au conflit vietnamien ou la récente guerre d'Irak, ils ont rapidement suscité dans l'opinion publique des réactions isolationnistes. « Nation indispensable » (M. Albright) à vocation mondiale, les États-Unis sont en même temps tiraillés par la tentation du repli sur soi.

54. – Droit d'ingérence
La tentation de la bonne conscience

Droit, et même devoir, qu'a un pays d'intervenir dans les affaires intérieures d'un autre pour y préserver les Droits de l'homme.

Invoquée depuis les débuts de la colonisation, la « mission civilisatrice », conçue alors comme un « devoir des races supérieures de civiliser les races inférieures » (J. Ferry), a servi de justification, de prétexte et de moteur à l'ingérence européenne dans les affaires du monde.

Plus récemment, l'idée d'ingérence est reparue en Occident sous la plume non plus d'hommes politiques, mais d'acteurs de la société civile. Différant dans les principes de sa version colonialiste, la nouvelle doctrine procède de l'idée d'une communauté mondiale unie par des valeurs universelles (Droits de l'homme), supérieures au droit national. Les tenants du « droit d'ingérence » réclament une intervention quand ces valeurs semblent bafouées dans un pays.

Le principe du devoir d'ingérence pose, par sa nature même, une série de problèmes. Il est difficilement compatible avec le principe de non-ingérence soutenu officiellement par l'ONU. En outre, il est parfois taxé de néocolonialisme (intervention en Irak en 2003). Enfin, il est versatile et soumis à l'empire des médias occidentaux (une indignation chassant l'autre, comme en 2008 le Tibet occulte le Darfour).

55. – Sécurité collective
L'affaire de tous, mais l'action d'un seul ?

Architecture internationale dans laquelle les États participants s'engagent à intervenir contre tout pays, l'un d'eux, le cas échéant, dont la politique mettrait en péril leur intégrité, voire leur prospérité.

Historiquement, la Société des Nations a été la première institution moderne qui se soit voulue garante de la sécurité collective, mais elle ne disposait pas de forces armées en propre. Son échec face aux fascismes a scellé le visage de l'ONU fondée en 1945 afin de préserver la paix (art. 2). Dotée de troupes, la nouvelle organisation dispose avec le Conseil de sécurité d'un organe capable d'engager des sanctions politiques et économiques, voire une action armée à l'encontre d'un État violant la Charte des Nations unies. La guerre d'Irak (1990) ou encore les sanctions à l'encontre de l'Iran dont le programme nucléaire inquiète en constituent des exemples récents. Néanmoins, les rivalités permanentes au sein du Conseil obèrent depuis toujours son fonctionnement.

Dans ces conditions, la préservation de la sécurité collective repose en grande partie sur les États-Unis au travers d'une OTAN dégagée de son cadre atlantique. Au risque d'être taxée d'impérialiste, la diplomatie américaine agit en permanence au nom de la sécurité collective, souvent confondue avec leurs intérêts nationaux ; pressions sur certains pays (Corée du Nord, Iran), interventions militaires (Afghanistan+) ou envoi de troupes (Irak+) sont les manifestations de cette *pax americana*. À l'instar de l'époque romaine, il semble bien que la sécurité collective soit devenue l'affaire du plus puissant.

56. – Guerre économique
La guerre en temps de paix

Assimilation des relations économiques entre pays à la guerre.

La guerre économique n'a rien à voir avec l'économie de guerre. L'expression signifie que les échanges internationaux induisent des rivalités non seulement entre les entreprises, mais aussi entre les États. Forme atténuée du *hard power*, elle traduirait « l'ensemble des moyens utilisés par un pays à l'encontre des autres pour défendre ses parts de marché ou accroître sa puissance » (F. Teulon [2004]).

Ainsi, cette guerre possède-t-elle ses soldats, les entreprises, ses officiers, les firmes multinationales, et son état-major fait de grands patrons et de décideurs politiques travaillant souvent main dans la main (Valéry Giscard d'Estaing surnommait son Premier ministre Raymond Barre le « Joffre de l'économie »). Ses armes traditionnelles sont le protectionnisme*, l'attractivité*, le jeu sur les taux de change, le dumping, l'innovation, autant de moyens de favoriser les entreprises nationales au détriment des autres ; il faut y ajouter aujourd'hui les fonds souverains de pays comme la Chine ou les pays exportateurs de pétrole que les pays occidentaux suspectent de vouloir acheter des entreprises occidentales stratégiques.

La guerre économique redouble d'intensité aujourd'hui, car plus le libre-échange progresse, plus les foyers de conflit s'allument : hier, les produits extractifs et manufacturés, demain l'agriculture, les services. En outre, de nouveaux belligérants, les pays émergents, alignent désormais des contingents impressionnants.

La notion de guerre économique attire cependant deux sortes de critiques : d'abord, il peut sembler indécent de comparer les deux phénomènes. Ensuite, elle relève d'une conception ancienne de l'économie, illustrée autrefois par le mercantilisme. Néanmoins, elle présente, aux yeux de ses défenseurs, une vision réaliste de l'échange, à l'inverse de la vision libérale, bien plus idéaliste.

57. – Délocalisation
Chance pour les vaincus d'hier ?

Au sens strict, fermeture d'une unité de production sur le territoire national pour en ouvrir une équivalente dans un pays offrant des conditions de production jugées plus favorables.

Les Américains préfèrent utiliser la notion d'*outsourcing* qui englobe le recours à la sous-traitance internationale. En outre, il faut tenir compte des nouvelles unités que l'entreprise préfère implanter à l'étranger plutôt que sur le territoire national ; on parle alors de « non-localisations ». Ces dernières sont d'ailleurs plus importantes que les seules délocalisations, puisqu'elles devraient concerner en France quatre fois plus d'emplois pour la période 2006-2010 (160 000 contre 42 000).

Les délocalisations sont nées dans les années 1960 avec l'internationalisation croissante des grandes firmes des pays développés. Elles ont été ressenties comme une menace à partir des années 1980 lorsque la destruction d'emplois industriels non qualifiés (dans le textile, la sidérurgie...) n'a plus été relayée par la création de nouveaux emplois et dès lors que les délocalisations commençaient à affecter des emplois tertiaires à plus haute valeur ajoutée (services aux entreprises, informatique, recherche-développement).

Omniprésentes dans le débat public, les délocalisations au sens strict n'ont pas l'ampleur qu'on veut parfois leur prêter : en quinze ans (1990-2005), non seulement les États-Unis n'ont perdu que 1 % de leurs emplois au profit de la Chine, mais ces pertes ont été compensées par les gains de productivité induits par ce phénomène. Si l'on entend maintenant le terme au sens large, sans conteste alors, la sous-traitance et l'ouverture d'usines dans des pays à bas coûts menacent l'industrie et les services les moins qualifiés.

Ainsi, les délocalisations sont une chance pour les pays du Sud qui en bénéficient. Jouant de l'inévitable transfert de compétences qu'elles entraînent, certains ont remporté des succès spectaculaires alimentant derechef des craintes en Occident. La nouvelle génération des délocalisations, touchant des industries de moyenne ou haute technologie et des services sophistiqués, pourrait déboucher sur un transfert de technologie*, et donc de puissance*, beaucoup plus inquiétant encore pour les vieux pays industriels.

58. – Compétitivité
La mesure de la puissance économique ?

Capacité à affronter la concurrence sur les marchés extérieurs et intérieurs.

Le terme peut s'appliquer à un pays ou une région, une entreprise ou un secteur. La compétitivité s'apprécie par l'évolution des parts de marché. On distingue en général la compétitivité-prix, l'aptitude à produire meilleur marché que les concurrents, et la compétitivité hors prix (ou structurelle), l'aptitude à vendre pour d'autres raisons que le prix. La première caractérise les pays à bas coûts de production (Chine, Asie du Sud-Est…), tandis que la seconde est plutôt l'apanage des pays développés qui compensent le coût élevé de leur main-d'œuvre et parfois de leur monnaie* par une haute productivité et la maîtrise de la haute technologie.

La compétitivité est l'un des moteurs des délocalisations* et, plus généralement, des flux d'IDE. Elle explique une bonne partie de la division internationale du travail* dans laquelle les uns détiennent le capital, la conception, le marketing, les autres réalisent, assemblent, produisent. Certains économistes, tel Paul Krugman, estiment que la question de la compétitivité est un faux problème ; le véritable enjeu serait la productivité, la capacité à produire mieux et moins cher en utilisant au mieux ses ressources.

59. – Attractivité
Facteur clé des délocalisations

Compétitivité d'un territoire.

À l'heure de la guerre économique*, la capacité d'un territoire à attirer capitaux, technologies et emplois, surtout qualifiés, est décisive. Cependant, loin du mercantilisme qui supposait un jeu à somme nulle et, par là même, des gagnants et des perdants, l'attractivité repose sur l'idée que tous les espaces gagnent à être valorisés.

Les facteurs de l'attractivité sont multiples : l'image, la qualité de vie et de l'environnement (héliotropisme, hydrotropisme), les conditions de travail (salaires, productivité, niveau de formation...), la proximité d'un marché de consommation ou encore de centres de décision, un territoire aménagé (accessibilité des voies routières et autoroutières, connexion Internet...) ou certaines facilités juridiques ou fiscales (paradis fiscaux). Certains espaces disposent d'un avantage indéniable ; c'est le cas des métropoles, des littoraux (celui de la Chine représente 14 % de la superficie pour 41 % de la population et 80 % des IDE), de certaines régions (bassin rhénan, Irlande, Californie...).

L'attractivité résulte bien souvent d'un volontarisme politique dont la politique d'aménagement du territoire en France est l'illustration. Elle suppose une compétition permanente entre territoires, y compris au sein de la même nation comme les États-Unis. Elle alimente ainsi une véritable guerre géographique, corollaire spatial de la guerre économique.

60. – Embargo
L'arme économique

Décision émanant d'un État d'interrompre ses relations commerciales avec un ou plusieurs autre(s) pays (le terme vient de l'espagnol et signifie « placer sous séquestre »).

Mesure coercitive, relayée par des moyens diplomatiques et militaires, l'embargo vise à obtenir par la pression commerciale la satisfaction d'objectifs politiques, économiques ou militaires. L'embargo peut être partiel et porter sur un type précis d'exportations (cas des armes américaines et européennes vers la Chine depuis 1989) ou total (cas des exportations américaines vers l'Irak de 1990 à 2003). Il a vocation à durer jusqu'à la réalisation de ses objectifs ; c'est ainsi que l'embargo général des États-Unis à l'encontre de Cuba dure depuis 1962. Forme particulière d'embargo, le boycott désigne le refus de consommer ou d'acheter des produits émanant d'un pays ou d'une entreprise, ou encore de participer à tel événement international.

Les effets de l'embargo et du boycott sont nuancés. S'il est indéniable que l'embargo décidé en 1977 par le Conseil de sécurité de l'ONU contre l'Afrique du Sud a joué un rôle dans la fin de l'Apartheid, de tels exemples restent rares. À l'heure de la mondialisation, la diversification des partenaires commerciaux amenuise les effets de telles mesures.

Les manifestations de l'embargo et du boycott se renouvellent. En tant que forme privatisée de la lutte dans laquelle le citoyen a remplacé le révolutionnaire, le boycott de telle enseigne par des réseaux de consommateurs joue un rôle politique grandissant.

61. – Protectionnisme
Bouclier

Doctrine et politique économiques qui visent, pour un pays, à se protéger de la concurrence des autres en limitant le volume de ses importations.

Plusieurs leviers peuvent être utilisés : les barrières tarifaires, l'élévation des droits de douane, les contingentements qui limitent autoritairement les importations ou encore la fixation de normes alimentaires ou de sécurité qui peuvent interdire à un produit étranger de pénétrer sur le marché national.

Le protectionnisme a bien souvent été utilisé comme une arme géopolitique au service de la guerre économique*. Ce fut le cas notamment durant les années 1930, c'est encore le cas de nos jours. Alors que le libre-échange est partout prôné, le protectionnisme non tarifaire est fréquemment employé. En outre, certains domaines comme l'agriculture ou les services sont encore fortement protégés. À l'heure du patriotisme économique, le protectionnisme a encore de beaux jours devant lui.

62. – *Food power* (pouvoir vert)
Quand l'assiette devient un champ de bataille

Capacité d'un pays à utiliser sa puissance agricole pour faire pression sur les autres nations.

Ce pouvoir a souvent été exercé par les États-Unis, notamment au temps de la guerre froide (embargo sur les céréales à destination de l'URSS en 1980, juste après l'invasion de l'Afghanistan). En temps de paix, le pouvoir vert est utilisé afin de conforter le leadership du secteur agro-industriel américain. Il donne lieu néanmoins à des litiges commerciaux qui, depuis 1995, sont portés devant l'ORD, le tribunal de l'OMC (« conflit de la banane » qui a opposé les États-Unis à l'Union européenne à la fin des années 1990).

Dérogeant aux lois du marché, les grandes puissances ont en effet toujours estimé que le secteur agricole était stratégique et que la dépendance en ce domaine était inacceptable. Les aides fédérales aux États-Unis ou encore la PAC (1962) en Europe ont largement contribué à la domination agricole de ces deux zones. Cette situation les fait régner aujourd'hui sur les marchés alimentaires, au détriment notamment des pays du Sud. Toutefois, cette situation évolue. Le pouvoir vert des grandes puissances industrielles est contesté, notamment par le groupe de Cairns dont les membres remettent en cause les aides étatiques dont disposent les agriculteurs des pays riches. D'autres géants agroalimentaires émergent, au premier rang desquels le Brésil.

Vit-on la fin de la prééminence agro-industrielle des géants du Nord ? Rien n'est moins sûr au regard des récentes « émeutes de la faim » qui touchent certains pays pauvres. En outre, le pouvoir vert emprunte désormais la forme des biotechnologies. Les agriculteurs du Sud dépendent de plus en plus pour leurs semences des grands groupes agro-industriels, notamment américains. La dépendance technologique a remplacé la pure dépendance alimentaire.

63. – Aide internationale
Un moyen autant qu'une fin

Soutien, financier ou logistique, provenant d'un pays riche vers un tiers afin de le secourir dans l'urgence ou de soutenir son développement dans le long terme. Elle revêt des visages très variés ; aide alimentaire, coopération économique ou militaire, financement de projets d'infrastructures, annulation de dettes...

Le principe de l'aide remonte au discours du président Truman de janvier 1949 sur l'assistance nécessaire aux « pays sous-développés ». Il prend forme dans les années 1960 avec l'aide publique au développement (APD). L'APD procède de dons et de prêts accordés à des conditions préférentielles aux pays pauvres. Ces aides sont soit bilatérales, lorsqu'elles résultent d'un accord entre deux États, soit multilatérales quand elles mettent en jeu une institution internationale (FMI, Banque mondiale, OCDE...). L'aide s'est beaucoup diversifiée avec le temps. L'APD marque le pas face à l'apparition de nouveaux acteurs désormais incontournables : les ONG* et les fondations philanthropiques (fondation Gates notamment).

Loin de la finalité charitable qu'elle suppose, l'aide constitue, depuis ses origines, l'un des vecteurs privilégiés du *soft power**. L'administration Bush, tout en abaissant sa part d'APD, a encouragé l'essor des fondations qui diffusent des valeurs et des méthodes de pensée américaines. Coordonnés au sein de l'US Agency for International Development, les donneurs privés travaillent de concert avec le gouvernement fédéral, notamment dans des espaces géopolitiques à conquérir (cas de l'Europe centrale dans les années 1990 autour de la fondation Soros, cas de l'Afrique aujourd'hui). La promesse d'aides constitue même un puissant levier pour poser ses pions (Chine en Afrique, en Angola notamment). En bout de chaîne, l'aide est également convoitée, au mépris des populations pauvres. Elle fait fréquemment l'objet de détournements par les gouvernements locaux.

64. - Monnaie
Le dollar est-il toujours roi ?

Ensemble des moyens de paiement auxquels recourent les agents économiques pour régler leurs transactions.

La monnaie constitue l'un des attributs de la puissance, notamment commerciale. Directement ou indirectement, les États peuvent user des taux de change afin de favoriser leurs exportations ou encore augmenter la valeur de leurs avoirs libellés en monnaie nationale.

Au-delà de ce rôle financier, la monnaie présente une dimension géopolitique. Elle constitue d'abord un facteur de cohésion nationale auquel les peuples sont attachés (cf. le difficile adieu des Allemands au Deutsche Mark et des Français au franc en 2002). Elle est un emblème de puissance, au point d'ailleurs que les dirigeants ont parfois préféré le prestige de leur monnaie à la croissance. Enfin, elle est un bon indice de la hiérarchie mondiale. Longtemps, la livre sterling a été la devise clé du système monétaire international. Depuis 1944, le dollar l'a remplacée. Monnaie impériale, il est tour à tour monnaie officielle de certains États latino-américains, devise par excellence des échanges mondiaux (pétrole), monnaie de réserve et enfin étalon auquel plusieurs devises asiatiques sont ou ont été liées (cas du yuan chinois de 1994 à 2005).

Le « roi dollar » voit pourtant poindre un prétendant de taille : l'euro qui profite des déficits jumeaux américains. En outre, la crise économique qui a éclaté en 2007 a fragilisé l'économie américaine au point que la Chine, puis les BRIC ont réclamé la création d'un nouveau système de changes internationaux en lieu et place de l'actuel, dominé par un dollar à la santé incertaine. La guerre pour la suprématie monétaire aura-t-elle lieu ?

65. - Médias
Les nouveaux bataillons de la puissance

Moyens de communication.

Nouveaux maîtres de l'heure, les secteurs de la communication (qui comprend la production culturelle au sens large : cinéma, musique, littérature, mais aussi information et publicité...) et des médias (qui transportent et diffusent les produits culturels : presse écrite, radio, télévision, Internet...) sont aujourd'hui au cœur des sociétés contemporaines. Avec eux, le monde est passé en quelques décennies de la « galaxie Gutenberg » (McLuhan [1962]), fondée sur l'écrit, à la « galaxie numérique » et à la « civilisation de la communication » qui reposent sur l'image et le son.

Par leur effet de diffusion, ces secteurs touchent des millions d'individus (que l'on pense au cinéma ou à tel moteur de recherche sur Internet) et sculptent des goûts et des habitudes de consommation, souvent au bénéfice du pays diffuseur (américanisation).

Au-delà de leur importance économique, médias et communication ont également renouvelé la géopolitique. Dès lors que la puissance ne se résume plus au seul *hard power**, les moyens de communication deviennent la nouvelle infanterie du *soft power*. À ce titre, les États-Unis disposent d'un avantage énorme : avec les premiers groupes de médias du monde (Google, AOL-Time Warner...), avec l'ICANN (organisme dépendant du département du Commerce américain qui administre la structure et attribue les noms et adresses IP du Web), ils sont en mesure de diffuser leurs normes et leur vision au reste du monde. Dans le même temps, la révolution numérique rend possible la naissance d'une opinion* publique mondiale dont le Web est l'agora qui constitue l'un des champs de bataille de demain.

66. – RMA
Les nouvelles lois de la guerre

RMA : Revolution in Military Affairs, *doctrine de supériorité militaire totale, reposant sur les possibilités offertes aux opérations par le développement des techniques de l'information : observation satellite, réseau, capteurs intelligents, simulateurs de grande capacité.*

Cette évolution a été décrite comme la nouvelle « cinquième dimension » de la guerre, les quatre premières étant le terrestre, le naval, l'aérien et le spatial. Elle permet en principe de frapper les concentrations ennemies par la coordination des frappes venues de différents points du théâtre d'opérations, sans exposer à l'adversaire des concentrations de forces sur lesquelles diriger ses frappes et contre-offensives.

Certains ont vu dans la RMA la promesse d'une guerre « chirurgicale », sans pertes sérieuses du côté du vainqueur et épargnant les populations et les infrastructures civiles. Mais ses applications sur le champ de bataille (Irak) et au niveau géostratégique contredisent ces attentes.

CHAPITRE IV

Pourquoi nous combattons ?

Les enjeux

La géopolitique met « en jeu » de multiples composantes de l'espace, à toutes les échelles. Ce qui est « mis en jeu » peut être gagné, perdu ou neutralisé pour les différents protagonistes du jeu. Ce dernier désigne le dispositif général des forces en présence dans un cadre géographique donné et les différentes stratégies déployées par les « joueurs » en lice pour contrôler cet espace avec ses ressources, matérielles ou immatérielles. Quels sont ces joueurs ? Des États-nations*, mais pas seulement, également des entreprises, des groupes sociaux, des idéologies… (cf. chap. II) agissant à plusieurs échelles (du transnational au local). Aux enjeux traditionnels (lieux stratégiques, énergie*, ma-tières premières*) s'ajoutent de nouveaux espaces convoités (espace* cosmique, cyberespace*) ainsi que de nouveaux enjeux, davantage immatériels.

67. – Espace
Le substrat de la géopolitique

Une portion délimitée, donc cartographiable, de l'étendue terrestre : un terme neutre, parfois cantonné au rôle de support des activités humaines, parfois atout, parfois contrainte. La relative imprécision du terme oblige souvent à qualifier l'espace par un adjectif (terrestre, humain, « vécu », urbain, rural…). On lui préfère souvent celui de « territoire » qui* *apporte la valeur ajoutée de l'identité, de la mémoire, des symboles.*

À la fois système de relations et produit social organisé, l'espace géographique est en interrelation avec les sociétés humaines qui l'occupent, l'aménagent et le convoitent. Il est composé de trois dimensions : l'échelle, qui définit sa taille ; la métrique, qui est la manière de calculer la distance en son sein ; la substance, qui renvoie à toutes ses autres dimensions sociales. Cinq types d'actions fondamentales y sont accomplis par l'homme : appropriation, exploitation ou mise en valeur, habitation, échange, gestion (Berque [1995]).

Pas de géopolitique* sans prise en compte de l'espace : toute situation géopolitique ne s'étudie que dans un cadre géographique donné, quelle qu'en soit l'échelle. Si la dimension spatiale est absente, il ne s'agit pas de géopolitique, mais de politique au sens strict. La géopolitique naît de la rencontre entre l'espace et le pouvoir, comme dans la notion d'espace vital*.

68. – Espace vital (*Lebensraum*)
Aux racines de la géopolitique

Selon les premiers géopoliticiens allemands du XIXe siècle, territoire qu'un peuple fort a le droit de conquérir pour répondre à ses besoins, serait-ce au détriment de ses voisins.

Voir École géopolitique allemande.

Si la notion d'espace vital a été balayée de la géopolitique en raison de sa trop lourde charge idéologique, certains États souffrant d'enclavement* le revendiquent toujours.

69. – Enclavement
Une malédiction géopolitique ?

Au sens premier, situation d'un territoire entièrement enfermé à l'intérieur d'un autre. Plus généralement, on appelle « enclavé » un pays qui ne possède pas d'ouverture sur la mer. L'Ouzbékistan est un exemple extrême, puisqu'il est le seul pays à devoir traverser deux États souverains pour pouvoir gagner celle-ci.

Il existe une quarantaine d'États enclavés dans le monde. Certains l'ont été dès leur création (Mongolie, Centrafrique, Paraguay), d'autres le sont devenus par éclatement de l'unité nationale (Serbie après l'éclatement de la Yougoslavie) ou pertes de territoires à la suite d'une guerre de voisinage (Bolivie). Certains s'efforcent d'obtenir des corridors d'accès à la mer (Pologne dans l'entre-deux-guerres) ou de signer des accords avec des pays voisins disposant d'une façade maritime, accords bilatéraux (syro-libanais) ou multilatéraux (Mercosur pour le Paraguay). Les dynamiques de désenclavement pèsent en général fortement sur les relations internationales (Chauprade [1999 ; 2001]), à l'image de l'Irak tentant d'élargir sa façade maritime sur le Golfe en conquérant le Koweït.

L'enclavement provoque des effets d'isolement qui peuvent aboutir à des phénomènes identiques à ceux provoqués par l'insularité : endémisme et conservation de peuplements-reliques, dépendance économique et politique, pauvreté. Les États enclavés sont parfois instrumentalisés dans les relations internationales, jouant le rôle de glacis* comme la Mongolie coincée entre URSS et Chine populaire.

L'enclavement n'est cependant pas une fatalité. La Suisse est l'un des pays les plus riches du monde ; le marquisat d'Autriche, longtemps dépourvu de toute frontière maritime, a donné naissance à l'un des plus puissants empires européens. Preuve qu'il n'existe pas de déterminisme géographique absolu.

70. – Énergie
Mère de toutes les forces

Force en action ou latente.

Avec la révolution industrielle, les conditions de la production d'énergie ont été bouleversées, et celle-ci a pu être mise au service de la volonté de puissance. Les deux guerres mondiales du XXe siècle, industrielles et techniciennes, mettent l'énergie au service de la destruction de masse. Clemenceau prédisait en 1917 que le pétrole serait « aussi nécessaire que le sang dans les batailles de demain ». De même, le nucléaire* a complètement bouleversé les rapports de force internationaux à partir de 1945. L'énergie est devenue une arme diplomatique, utilisée directement dans les embargos* internationaux (guerre du Kippour en 1973) ou indirectement pour faire pression sur d'autres États (guerres du gaz entre la Russie et l'Ukraine ou la Biélorussie).

La question se pose de savoir quel acteur est en position de force : celui qui produit l'énergie ou celui qui en contrôle le marché ? Le choix des États-Unis d'importer la majeure partie de la consommation nationale d'hydrocarbures tout en assurant le contrôle militaire des routes* terrestres et maritimes donne des éléments de réponse.

Depuis le début des années 2000, on est entré de plain-pied dans une économie de la rareté qui voit le retour en force des États (Russie, Chine) dans le « grand jeu » pour le contrôle de l'énergie.

71. – Matières premières
Le fondement brut de la puissance

Produits bruts, extraits du sous-sol ou fournis par l'agriculture ou la sylviculture, que l'industrie transforme en produits finis et semi-finis.

Certaines de ces matières premières fossiles sont abondantes (fer, charbon, caoutchouc), d'autres plus rares (bois précieux, argent, or, diamant). Certaines sont dites stratégiques, car elles sont convoitées pour leurs usages captifs (bauxite, uranium). Ces matières premières, indispensables au développement économique et donc à la puissance, génèrent de fortes rivalités à toutes les échelles.

Les États se battent pour leur possession aux frontières de leurs territoires (« guerre du salpêtre » entre Chili et Pérou/Bolivie coalisés entre 1879 et 1883) et le long des fronts pionniers (Patagonie, Extrême-Orient russe), mais également dans les pays colonisés et semi-colonisés. Les entreprises les accaparent et les transforment pour en tirer un profit maximum (pétrole). Les individus partent à leur recherche en rêvant à la fortune dans les zones inexploitées, participant à une économie de ruée qui génère violences et inégalités (Ouest américain, Amazonie brésilienne, fronts pionniers indonésiens). Des bandes organisées de pillards et de brigands en organisent le trafic (les « diamants de sang » en Afrique occidentale). Une partie de ces matières premières relève ainsi de l'économie informelle (mafias*).

Les matières premières sont donc dangereuses et peuvent faire le malheur de certains pays (économie de rente, voire de prédation).

72. - Eau
Si abondante et pourtant si précieuse

Liquide vital pour l'homme : son corps, qui en est composé à 70 %, ne peut survivre plus de trois jours sans elle. Mais paradoxalement l'eau tue aussi par sa surabondance et par sa capacité à véhiculer des maladies.

Depuis l'Égypte ou la Chine antiques, le degré de maîtrise de l'eau définit l'avancée de la civilisation, structure et discipline le corps social, détermine la création de pouvoirs politiques forts et centralisés (Wittfogel [1957]).

Notre planète n'est pas en manque d'eau, mais la pression sur les ressources est de plus en plus forte : la consommation d'eau a quintuplé dans le monde entre les années 1950 et 2000. Cela s'explique par la croissance démographique, mais également par d'autres facteurs comme l'extension de l'agriculture irriguée (l'agriculture utilisant 69 % de l'eau consommée), l'industrialisation (23 %), l'urbanisation et l'essor du tourisme de masse. De fait, les pénuries d'eau risquent fort de s'aggraver, plaçant potentiellement 40 % de la population mondiale en situation de stress hydrique à l'horizon 2050.

Si la consommation annuelle moyenne par habitant se situe à 6 800 m^3, les écarts sont gigantesques entre les pays, allant de 1 à 20 000. Comment faire un usage raisonné de l'eau pour désamorcer les conflits ? Plusieurs pistes sont explorées : l'économiser en luttant contre les gaspillages, la retraiter en grandes quantités, exploiter les ressources « non conventionnelles » grâce au progrès technique (comme le dessalement de l'eau de mer, qui concerne 800 millions de mètres cubes par an en Arabie Saoudite), créer un véritable marché de l'eau (en fixant pour elle un juste prix).

Toutefois, la menace de conflits pour l'eau n'en sera pas pour autant éloignée. Les riverains sont des rivaux en puissance, comme nous indique l'étymologie commune de ces mots (la rive). Et la géopolitique de l'eau relève aussi bien d'enjeux externes qu'internes (Lacoste [1993]) à un État-nation*. Ainsi, l'eau peut jouer un rôle majeur dans le déclenchement de conflits internationaux comme au Proche-Orient. Ce qui pose la question du statut des cours d'eau transfrontaliers. Les conflits internes sont illustrés par un pays comme l'Inde, qui connaît un violent affrontement pour le contrôle des eaux du fleuve* Cauvery opposant les citoyens des États du Tamil Nadu et du Karnataka.

73. - Fleuves
Riverains et rivaux

Au sens strict, cours d'eau qui se jette dans la mer.

Certains fleuves traversent un seul territoire national comme le Mississippi ou l'Ob, d'autres traversent plusieurs États comme le Rhin+ ou le Nil+ (cours d'eau « successifs »), d'autres encore marquent la ligne de séparation entre deux États comme le Rio Grande ou l'Amour (cours d'eau « contigus »).

Les systèmes fluviaux ont façonné l'identité de grandes civilisations : l'Égypte pharaonique « don du Nil », la Chine née du fleuve Jaune ou le Gange fleuve sacré de l'hindouisme... Ils ont fixé le peuplement et les activités, généré des formes précoces d'organisation politique centralisée (Wittfogel [1957]) et accouché des grandes capitales qui ont marqué l'histoire (Rome+, Bagdad+).

Les fleuves remplissent historiquement une triple fonction géopolitique : axes de conquête (le rôle de l'Amazone dans la constitution du territoire brésilien), frontières* politiques (cela concerne le tiers environ des tracés frontaliers dans le monde), noyaux de construction étatique (Seine, Mékong).

Parallèlement, les fleuves sont des enjeux géopolitiques pour l'eau qu'ils fournissent : la réalisation en Turquie à partir de 1981 du Great Anatolian Project (GAP) crée des tensions majeures avec les pays en aval, Syrie et Irak. Mais les fleuves favorisent parfois des coopérations et des projets de mise en valeur internationaux (accord américano-canadien sur la Columbia en 1961) profitables à l'établissement d'une paix durable (traité de Brasília en 1969 concernant le bassin de la Plata).

74. - Océan
La maritimité, enjeu et instrument de la puissance

Étendue d'eau qui couvre les deux tiers de notre planète.

Contrairement à l'image répandue d'un « océan mondial », les espaces océaniques et maritimes ne constituent pas un ensemble pleinement homogène : ils sont caractérisés par des différences d'étendue, de profondeur, d'hydrographie, de ressources. On distingue ainsi cinq océans. Les mers sont des fractions identifiées d'un océan, séparées topographiquement de la masse océanique ; elles sont bordées de terres et parfois enserrées par celles-ci : Méditerranée+ et, dans une moindre mesure, Caraïbe et mers de Chine orientale et méridionale+.

Mers et océans offrent d'abord, comme tout milieu « naturel » original, des ressources à exploiter et protéger : richesses halieutiques, gisements pétroliers *off-shore*, nodules polymétalliques. Elles remplissent parallèlement les fonctions de support de la circulation et des échanges intercontinentaux, ce qui suppose la liberté de navigation. Les conflits d'intérêts entre États-nations* ont poussé à la promulgation par les Nations unies d'un nouveau droit de la mer : la conférence de Montego Bay définit en 1982 des zones économiques exclusives (ZEE) dans lesquelles les États souverains ne peuvent toutefois s'opposer au « libre passage inoffensif » des navires. P. Papon [1996] parle à cette occasion d'une « nationalisation » de l'espace maritime : mers et océans sont ainsi quadrillés de lignes administratives et politiques.

Leur contrôle est déterminant pour bâtir la puissance : ils sont à la fois « sources, enjeux et arènes de la puissance », pour reprendre la formule de A. Litzellmann [2005]. La maîtrise des espaces maritimes a en effet rendu possible la « thalassopolitique » (J. Freund [1965 ; 1968]) qui, poussée à l'extrême, devient la thalassocratie*.

75. - Littoral
Enjeux d'une interface absolue

Rivage maritime ou lacustre. Il s'étend sur une distance d'environ 60 km à l'intérieur des terres depuis le trait de côte. Il s'agit d'une zone d'interfaces multiples, entre terre et mer, entre rivage et hinterland, entre intérieur et extérieur.

Le regard que les sociétés humaines portent sur le littoral a profondément changé, passant d'espace ignoré ou craint à espace reconnu et désiré (Corbin [1988]). Hier, le littoral était le lieu de prédilection des pirates, des contrebandiers, des dépouilleurs de navires. Il était mis en valeur très ponctuellement pour les besoins de la pêche ou pour l'activité des marais salants. Le littoral fait l'objet d'une mise en valeur beaucoup plus systématique depuis deux siècles et surtout depuis les années 1950 avec le développement des activités de transports maritimes et des équipements portuaires. L'industrie lourde s'y est développée (sidérurgie sur l'eau, pétrochimie ; on parle d'une « littoralisation de l'industrie »), mais également les fonctions récréatives et touristiques. Aussi, plus de 60 % de la population mondiale vivrait actuellement sur un littoral ce qui pose des problèmes environnementaux croissants.

Vu la densité spectaculaire des aménagements littoraux, notamment industriels et portuaires, la géopolitique accorde une importance toute particulière à cette zone d'interface. Sans le contrôle du littoral ne peuvent s'édifier ni puissance maritime, qui se sert des rivages comme base de la projection de ses forces, ni puissance continentale, qui se sert des littoraux comme glacis* protecteurs.

76. - Île
Le splendide isolement

Terre entourée d'eau de toutes parts, de taille très variable.

L'insularité est l'ensemble des caractères écologiques et culturels propres aux îles. Un « sentiment d'isolement et d'exception » confère bien souvent à l'île une fonction de refuge (Chauprade [1999 ; 2001]). Par extension, on peut parler, à différentes échelles, de l'insularité d'une oasis, d'une base militaire, d'une ville minière, voire d'un pays ou d'un continent.

Ainsi, les doctrines géopolitiques américaines ont depuis Mahan [1890] cherché à faire de l'Amérique une « île » protégée de l'influence des puissances européennes et de leur impérialisme par un océan. L'insularité passait par la construction d'une flotte de guerre moderne et puissante, par le contrôle de verrous dans la Caraïbe (Cuba, Porto Rico) et le Pacifique⁺ (Hawaï).

La délimitation des zones économiques exclusives depuis 1982 (voir océan*) renforce le rôle stratégique des îles : ainsi, la Micronésie américaine, couvrant un territoire total d'environ 2 000 km^2, donne aux États-Unis une ZEE de sept millions de kilomètres carrés. C'est pourquoi les conflits pour les îles sont nombreux, qu'ils soient diplomatiques (Kouriles⁺ entre Japon et Russie) ou militaires (guerre des Malouines⁺, 1982). Les îles partagées entre plusieurs États-nations (Nouvelle-Guinée, Chypre⁺) témoignent de ces tensions géopolitiques.

77. - Canal maritime
Déverrouiller

Passage creusé dans des isthmes pour relier deux mers (Suez⁺, Kiel, Panama⁺).

Contrairement aux verrous que constituent les détroits, les canaux déverrouillent. D'où leur grande importance géoéconomique et géopolitique pour ceux qui les contrôlent. D'où également les pressions multiples pour que le droit maritime international les ouvre à la libre circulation des navires. Ainsi, le creusement du canal de Kiel par les Allemands (1895), entre Baltique et mer du Nord, fait perdre au Danemark les revenus tirés des droits de péage des détroits (Sund et Belt) et offre au Reich allemand enfin unifié la bimaritimité (mer Baltique-mer du Nord).

De nombreux projets de canaux existent aujourd'hui dans le monde, en lien avec la maritimisation des échanges (Nicaragua, Thaïlande). Mais le déverrouillage peut n'être que provisoire : ainsi, Suez⁺ a été fermé à deux reprises, en 1956 au moment de la nationalisation des actifs de la Compagnie universelle du Canal, puis entre 1967 et 1975 suite à la guerre des Six Jours.

78. - Route
La voie de la puissance

Itinéraire préférentiel, bidirectionnel, reconnu, balisé et entretenu, utilisé en continu pour le déplacement des hommes et des biens.

Les grandes routes mondiales sont initialement majoritairement terrestres, suivant des pistes caravanières comme les « routes de la soie » entre le Levant et la Chine. Ces routes sont progressivement jalonnées de postes militaires, et certaines deviennent des États, appelés « dromocraties » (Ancel [1936]), à l'image de la Jordanie.

Avec les Grandes Découvertes, les routes terrestres et maritimes régionales sont concurrencées par les routes transocéaniques : l'ouverture du canal* de Suez⁺ en 1869 permet d'ouvrir une nouvelle route des Indes entièrement maritime. Les progrès de la navigation à vapeur font le reste.

Une des constantes de l'histoire est que les puissances continentales eurasiatiques (Russie, Chine) ont cherché à contrôler et défendre les routes terrestres, tandis que les puissances maritimes anglo-saxonnes ont gardé la haute main sur les routes maritimes. Toutefois, une puissance globale se doit aujourd'hui de maîtriser les deux, d'où la double stratégie actuelle de la Chine : percer vers le cœur de l'Asie centrale et vers les périphéries maritimes des détroits* malais et de l'océan Indien.

79. – Désert
Un vide tout relatif

Dans son sens premier, espace inoccupé par l'homme car réputé inhospitalier. L'aridité n'est pas l'élément central de la définition : les zones polaires, la haute montagne, certaines forêts tropicales peuvent être nommées ainsi. Mais l'acception restreinte du terme « désert » est plus couramment employée : il s'agit d'une zone quasiment vide de végétation et d'hommes du fait de son aridité, qu'elle se situe dans la zone intertropicale ou dans certaines zones continentales.

En dépit de la définition, la vision du désert comme un vide humain doit être relativisée. Les routes de la soie sont passées durant des siècles par les déserts d'Asie centrale, tandis que le Sahara a été sillonné par des routes de l'or ; dans les deux cas, un chapelet d'oasis y constituait les relais de la circulation. Celle-ci est aujourd'hui facilitée grâce aux véhicules tout-terrain qui permettent des déplacements rapides le long des pistes, que ce soit pour les besoins du commerce, de l'industrie ou du tourisme.

Les premiers conflits des déserts tiennent à l'affrontement ancien entre cultivateurs installés sur leurs marges et éleveurs nomades*. Les seconds ont longtemps organisé raids et trafic d'esclaves au détriment des premiers. La constitution d'États-nations* s'est souvent accompagnée de la revanche des premiers. Dans tous les cas, les États se sont efforcés de sédentariser les nomades afin de mieux les contrôler (Turquie, Iran, Tanzanie), ce qui a provoqué des tensions pouvant aller jusqu'à la révolte (Touaregs).

Deuxième type de conflit, entre États-nations* pour leur contrôle. Car les déserts ne sont pas « vides » et inutiles : outre les richesses naturelles (hydrocarbures, minerais), ils sont les lieux d'expériences atomiques, de recherches et d'opérations militaires secrètes… Des frontières rectilignes y ont été tracées, occasionnant nombre de litiges territoriaux (Yémen et Arabie Saoudite pour le Rub al-Khali, Maroc et Algérie pour le Sahara occidental). Certains pays poussent vers le désert, à l'image de la Lybie qui, soutenue par l'URSS, a tenté de percer vers le Sud saharien ; la restitution de la bande d'Aozou au Tchad en 1994 marque un coup d'arrêt à cette expansion.

Enfin, certaines parties de désert tendent à devenir des zones grises*, livrées au pouvoir de la criminalité organisée qui vit des trafics, du racket et des rapts, voire du terrorisme : il en va ainsi du Groupe salafiste pour la prédication et le combat (GSPC) qui a installé ses bases opérationnelles au Sahara.

80. – Ligne de crête
Géopolitique des sommets (1)

Ligne qui relie les plus hauts sommets d'un massif montagneux et en constitue le faîte.

Elle sert, dans une conception historique ancienne, à délimiter des frontières* dites « naturelles » verrouillant le passage d'un État à un autre. Dans cette logique, les frontières tracées dans la montagne constituent un quart des frontières mondiales. Elles sont particulièrement nombreuses en Asie et en Amérique du Sud (respectivement 35 % et 27 % des tracés frontaliers). Le contrôle de la ligne de crête a justifié de nombreuses positions militaires fortifiées (Vauban).

La ligne de crête entretient l'idée que la montagne est une barrière naturelle. Mais elles se sont souvent révélées poreuses dans l'histoire : certains peuples s'installant de part et d'autre, à l'image des Basques dans les Pyrénées. Et certains États s'y construisent, comme la Roumanie dans les Carpates.

Ce rôle de barrière dépend de l'altitude générale de la montagne, de la vigueur de ses pentes, mais surtout de la position et du nombre de ses cols.

81. – Col
Géopolitique des sommets (2)

Abaissement d'une ligne de crête qui facilite le passage.

Le col est en creux par rapport à la ligne de crête. Et il est en relief par rapport à la vallée et ses axes de transport, ce qui permet d'en contrôler la circulation. La barrière se révèle d'autant plus efficace que les cols sont hauts : c'est le cas des Pyrénées, d'altitude moyenne plus basse que les Alpes mais aux cols plus élevés qui, de ce fait, ont joué plus efficacement leur rôle de barrière.

82. – Glacis
Position de défense et d'attaque

Dans une fortification, plan incliné précédant une muraille, parfaitement dégagé et dépourvu de relief, afin d'éliminer toute protection possible à un assaillant et de faciliter le tir.

C'est cette image d'un terrain pentu et glissant, où il est dangereux de manœuvrer, qui est transposée en géopolitique pour évoquer l'idée d'une zone tampon défensive dans laquelle on peut livrer bataille à partir d'une position de force suffisamment éloignée du cœur du territoire à défendre. À quelque échelle que l'on se trouve, le glacis permet de déplacer la lutte à l'extérieur du territoire. C'est le cas dès l'Empire romain, avec l'existence des marches. Le glacis occupe une place importante dans les théories géopolitiques (Spykman [1942 ; 1944]). Dans la pratique, les glacis protecteurs ont rencontré plus ou moins de succès : le « cordon sanitaire » (Pologne, Roumanie, pays Baltes…) visait dans l'entre-deux-guerres à isoler l'URSS ; celle-ci l'a retourné à son profit après 1945 pour en faire son propre glacis face au camp américain. L'« étranger proche⁺ » de la Russie postsoviétique donne encore une certaine importance à cette notion.

83. – Mur
La frontière absolue ?

Construction solide et verticale qui délimite une maison ou enclôt un terrain.

Le mur peut, à d'autres échelles, délimiter et protéger une parcelle, une ville, une région ou même un pays, voire un empire (le mur d'Hadrien au Nord de l'Angleterre). On emploie parfois le terme de « muraille » lorsque le mur est de grande dimension (muraille de Chine). Le mur a également une signification symbolique, marquant une barrière difficile à franchir, matérielle ou immatérielle (le « mur d'argent »).

Le mur choque parfois les consciences, car il introduit une coupure brutale, souvent irrémédiable, entre les hommes : le mur de Berlin, surnommé le « mur de la honte », le mur du Sahara ou le mur qui entoure les territoires palestiniens en Israël. Le mur est souvent couplé à un glacis*, à l'instar des zones d'appui du mur de Berlin (1961-1989) équipées de protections renforcées et de systèmes de tirs automatiques.

Pourtant, de nouveaux murs s'édifient sans cesse, telles les barrières métalliques qui se construisent le long de la *Linea*+, frontière américano-mexicaine, *pour décourager les clandestins et plus récemment le long de la frontière afghano-pakistanaise pour lutter contre le trafic de drogue.* C'est la preuve que la planète est moins ouverte que la mondialisation pourrait le faire croire.

84. – Frontière
Limites, interfaces et territoires

« Structures spatiales élémentaires, de forme linéaire, à fonction de discontinuité géopolitique et de marquage, de repère, sur les trois registres du réel, du symbolique et de l'imaginaire » (Michel Foucher [1991]).

Le **front** est au sens strict la ligne de feu entre deux armées. Il est militaire, toujours mobile et conquérant. Il engendre des territoires géostratégiques originaux comme les *no man's land*, les zones démilitarisées, les zones tampons, qui participent de la notion de glacis*. La frontière est, quant à elle, la limite d'un État et de sa compétence territoriale. Par opposition au front, elle est politique et plus stable. Toute frontière est artificielle, née d'un rapport de force, même lorsqu'elle épouse la topographie d'un lieu (ligne de crête*, fleuve*).

Il existe un va-et-vient entre front et frontière : le front militaire mouvant entre deux armées combattantes finit par devenir une frontière sanctionnée par un traité, jalonnée de postes frontières ; mais la frontière peut redevenir front, lorsque son tracé est remis en question.

Fronts et frontières génèrent trois types d'effets spatiaux :

- l'effet-barrière, car fronts et frontières marquent une limite, une séparation ;
- l'effet d'interface, car fronts et frontières sont autant, aujourd'hui, ouvertures que fermetures ;
- l'effet de territoire, car fronts et frontières créent des zones de confins à l'identité particulière, comme le front pionnier (que les Anglo-Saxons nomment *frontier*).

Ce **front pionnier** se place au point d'avancée extrême des pionniers défricheurs qui s'installent dans des terres jusque-là vides ou peu peuplées. Il est au point de rencontre entre le civilisé et le sauvage (Turner [1935]). Les valeurs et organisations dont sont porteuses les populations de pionniers reproduisent souvent, sous une forme épurée, le système de l'arrière, mais avec des formes également originales, car il s'agit de sociétés essentiellement masculines et violentes, parfois interlopes (*bandeirantes* en Amazonie). Historiquement, les premiers fronts pionniers se sont localisés en zone tempérée : Amérique du Nord du temps de la conquête de l'Ouest, Afrique du Sud, Sibérie, Australie semi-aride, Pampa et Patagonie. Aujourd'hui, les derniers fronts pionniers sont tropicaux : golfe de Guinée et Afrique centrale, Amazonie, Kalimantan en Indonésie.

L'impulsion vient souvent de l'État, comme au Brésil (Plan d'intégration nationale, 1970), dans un contexte de forte croissance démographique et de tensions socio-économiques (Nordeste). Il est rare que le front pionnier soit linéaire et continu. Comme il a une profondeur, il vaudrait mieux parler de frange pionnière. Des villes pionnières s'y installent pour ravitailler le front et écouler les productions à l'arrière. Deux grands types d'évolution sont possibles : soit le front pionnier poursuit son avancée dans une logique de peuplement et d'intégration, ce qui permet à la base de diversifier son économie, de dominer une division régionale du travail, de s'urbaniser (Manufacturing Belt, région caféière de São Paulo) ; soit il poursuit son avancée sans résultats tangibles, tandis qu'en arrière sont abandonnées les premières terres ouvertes (Amazonie), et l'intégration se fait difficilement.

85. – Zone grise
La nouvelle terra incognita

Zone de non-droit où la souveraineté de l'État ne s'exerce plus réellement et où des puissances criminelles, vivant de la guérilla, du terrorisme et/ou de trafics illicites (souvent les trois ensemble), exercent la réalité du pouvoir.

L'expression trouve son origine dans le vocabulaire aéronautique : elle fait référence aux secteurs non couverts par le balayage des radars.

Il existe de fait de nouvelles *terrae incognitae* sur notre planète, où il est impossible de se rendre sans risque, qui vivent en marge de l'autorité politique et, généralement, de l'économie d'échange, qui se structurent selon leurs propres lois. L'action humanitaire y devient difficile, voire impossible. Le Haut Nil et le Sud du Soudan, une partie de l'Afrique des Grands Lacs, certaines régions des Andes ou du Yémen, le Cachemire, l'Ouest du Pakistan, l'est montagneux de la Birmanie sont dans ce cas. On peut même évoquer des pays entiers : Somalie et Afghanistan. Jean-Christophe Rufin [1991] montre que ces zones grises prolifèrent dans le Tiers Monde depuis la fin de la guerre froide du fait de l'échec d'institutionnalisation de l'État-nation* à l'occidentale. Paradoxalement, alors que l'on pourrait penser que la mondialisation* fait émerger un « village planétaire », elle favorise en réalité la multiplication des zones de non-droit et tend même à les pérenniser (P. Pascalon [2006]).

Les zones grises sont rurales ou urbaines. Dans le premier cas, elles sont souvent en situation de confins et d'enclavement*, comme dans les Andes où des guérillas* mènent une économie de guerre et de prédation (les FARC en Colombie). Dans le second cas, elles correspondent à des zones d'habitat précaire et de délinquance, mises en coupe réglée par les bandes armées (*street-gangs*) qui vivent d'une économie informelle souvent criminalisée et partagent un même besoin vital de souveraineté territoriale. Les nouvelles puissances criminelles y adoptent des comportements de type étatique : prélèvement de l'impôt, création et entretien de forces armées, politiques de communication sophistiquées, négociation d'égal à égal avec les gouvernements.

86. – Espace cosmique
Le septième continent

Espace qui entoure la planète Terre.

L'espace cosmique se divise en plusieurs parties. D'abord, l'espace proche, dit « circumterrestre », dans lequel l'attraction terrestre est dominante et où les applications des techniques spatiales sont les plus nombreuses ; il est le domaine de gravitation de nombreux satellites artificiels lancés à des fins scientifiques ou de télécommunications, mais également à des fins d'occupation. Ensuite, l'espace « profond », où les mesures s'expriment en unités astronomiques, qui comprend la partie centrale du système solaire ; il est exploré par les sondes. Enfin, l'univers « lointain », au-delà des limites d'accessibilité des sondes actuelles.

Dès la guerre froide, l'espace cosmique est devenu un des champs privilégiés de la concurrence soviéto-américaine. Alors que les Soviétiques enchaînaient les succès spatiaux (du *Spoutnik* à Gagarine, 1957-1961), les États-Unis ont craint un temps le *technologic gap*, ce qui a poussé le président Kennedy à faire de l'espace une « nouvelle frontière ». Le retard américain a été comblé grâce au programme *Apollo* qui débouche sur l'alunissage historique d'une navette spatiale américaine (1969). Par la suite, les États-Unis restent en position de dominer l'espace circumterrestre à des fins de défense antinucléaire (programme IDS puis bouclier antimissiles). Mais pour combien de temps ? Le programme de conquête de Mars (2004-2015) lancé par Bush semble en passe d'être abandonné par Obama.

Les États-Unis gardent ainsi une nette avance technologique, même s'ils ont aussi connu des échecs graves (le crash de la navette *Columbia* en 2003). La maîtrise de l'espace participe de leur puissance globale : le système Échelon, qui interconnecte tous les systèmes d'écoute, leur donne les moyens d'une télésurveillance globale de la planète. Pour la Russie, le cosmos reste un des derniers domaines d'une puissance en recul, tandis que d'autres pays se sont affirmés par la course à l'espace à l'image de l'Europe (*Ariane*, *Galileo*). Les Chinois ont récemment célébré dans la ferveur patriotique l'envoi d'un premier taïkonaute dans l'espace, au titre du programme Shenzhou.

L'espace n'est pas qu'un objet de compétition, il favorise également la coopération internationale depuis la fin de la guerre froide. Dans cette optique, la Station spatiale internationale (ISS) associe Américains, Européens et Russes. De même, le projet d'exploration lunaire Chandrayaan associe l'Indian Spatial Research Organization (ISRAO) et l'Agence spatiale européenne (ESA).

87. - Technologie
Deus ex machina

Technique (du grec tekhnê *: art, métier) : ensemble des procédés utilisés pour produire. Technologie : discours qui accompagne la mise en œuvre de la technique et opère la jonction entre elle et la science.*

Le progrès technique est rendu possible par les découvertes de scientifiques (recherche fondamentale) qui, une fois appliquées au processus de production, deviennent des innovations (recherche appliquée), ensuite développées par les ingénieurs et techniciens.

Le progrès technique est décisif pour la puissance des États-nations* ou des civilisations. Au cours du XXe siècle, maîtrise des énergies* nouvelles, nouveaux modes de communication, électronique et informatique, course à l'espace*, nouvelles armes de guerre et « révolution dans les affaires militaires »* ont creusé le fossé entre les grandes puissances et les pays dominés. Mais la technologie ne suffit pas : il faut la rencontre d'innovations déterminantes et d'une volonté politique. Ainsi, la Chine des Ming avait bâti la première flotte mondiale au début du XVe siècle et les grandes expéditions de l'amiral Zheng De l'avaient mené jusqu'au Sud de l'Afrique. Diverses innovations expliquent ces succès, comme la mise au point des gigantesques navires appelés « trésors navals » et l'utilisation, déjà ancienne, de la boussole, du compas ou des cales compartimentées. Mais les souverains Ming décidèrent d'interrompre brutalement cette aventure, laissant place libre aux conquérants européens.

La technique appuie les ambitions géopolitiques. C'est pourquoi la recherche-développement (R&D) constitue un des domaines d'intervention de l'État les plus importants. Ainsi, aux États-Unis, qui réalisent à eux seuls près de la moitié de la R & D mondiale, les investissements publics ont un rôle décisif d'impulsion *via* les grandes agences fédérales (NSF, NASA) et le Pentagone qui nourrit de ses commandes le CMI*. Ces dépenses ont également une traduction spatiale : la technique a ses espaces de prédilection – technopôles, *clusters* – lieux qui jouent des synergies et associent fabrication et services de technologie avancée, grandes universités et laboratoires de recherche (Silicon Valley née de Stanford). L'enseignement supérieur recouvre alors une dimension géopolitique, notamment par l'intermédiaire du *brain drain**.

88. – *Brain drain*
La matière grise convoitée

Littéralement, drainage des cerveaux : une fuite pour le pays de départ, un gain pour le pays d'arrivée (brain gain).

Il s'agit de l'ensemble des migrations internationales de savants et chercheurs, de techniciens qualifiés et d'étudiants de haut niveau. Cette migration peut être intracontinentale ou intercontinentale, organisée ou spontanée.

Ce sont principalement les États-Unis qui en profitent, secondairement l'Europe occidentale et, dans une moindre mesure, la Russie. Le *brain drain* s'est développé à grande échelle dans l'entre-deux-guerres, avec la montée des régimes dictatoriaux et d'inspiration fasciste en Europe qui a poussé au départ vers l'Amérique de nombreux savants européens à l'image d'Einstein, de Fermi ou d'Oppenheimer qui sont les pères de la technologie nucléaire américaine. Conscients de la force que confère au pays un tel drainage, l'État américain organise une politique plus systématique après 1945 (rapport Vannevar Bush). Depuis la fermeture relative des frontières à l'immigration dans les années 1960-1970, l'encouragement à l'entrée de cerveaux et de travailleurs qualifiés s'est renforcé (« immigration choisie »).

Les origines des cerveaux se diversifient aujourd'hui, comme dans le cas américain : après les Européens de l'Ouest et les dissidents du bloc communiste, le drainage s'oriente prioritairement vers les nouveaux pays industrialisés (NPI), puis la Chine et l'Inde. Les étudiants chinois et indiens dans les grandes universités américaines sont actuellement environ 150 000. Pour les pays d'origine des cerveaux, il y a un intérêt à entretenir des liens culturels et financiers vivants avec les diasporas d'étudiants et de chercheurs : le *brain drain* devient, à terme, *brain bank.*

89. – Migration
La mondialisation de l'espace migratoire

Déplacement d'un individu ou d'un groupe d'individus suffisamment durable (plus d'un an) pour nécessiter un changement de résidence principale et impliquant une modification significative de l'existence quotidienne.

L'échelle de la migration est très variable, de la région au monde. Il faut distinguer les migrants intérieurs des migrants internationaux. Les seconds passent d'un pays à l'autre sur une courte et moyenne distance (migration intracontinentale) ou sur une longue distance (migration intercontinentale). Tous relèvent d'enjeux géopolitiques ; la question de l'identité nationale se pose tout particulièrement à l'heure où les différents modèles d'intégration semblent en crise (modèle d'assimilation à la française, modèle multiculturel à l'anglo-saxonne). Le phénomène ne concerne pas seulement les pays du Nord, mais aussi certains pays du Sud qui craignent particulièrement pour leur identité et prennent des mesures de plus en plus strictes pour endiguer le phénomène (Côte-d'Ivoire, Algérie…).

La réalité est qu'il existe deux sortes de migrations avec des enjeux très différents : celles des migrants pauvres et peu qualifiés que les États s'efforcent aujourd'hui de limiter, et celles des migrants qualifiés qu'ils s'efforcent d'attirer en encourageant la venue d'étudiants ou en instaurant des systèmes préférentiels pour eux (Canada, États-Unis, Australie...).

Les **réfugiés** constituent un cas particulier de migrants politiques – même si les motivations économiques sont souvent aussi, voire plus importantes ; dans ce cas, le statut de réfugié est un argument pour se faire ouvrir des frontières peu ouvertes. Le Haut-Commissariat aux réfugiés de l'ONU (UNHCR) aide aujourd'hui plus de 12 millions de réfugiés dans 116 pays du monde. Les flux de réfugiés se dirigent majoritairement vers des pays limitrophes qui les accueillent dans l'urgence, quitte à s'en trouver déstabilisés (Iran et Pakistan pour les Afghans). Ce ne sont souvent que des pays de premier accueil avant le départ vers des destinations plus lointaines, suivant des filières légales (en fonction du droit d'asile) ou illégales. Il y a également des réfugiés à l'intérieur même des pays en crise (Irak, Soudan, Somalie). Les zones les plus concernées sont aujourd'hui l'Afrique au Sud du Sahel, le Proche-Orient, l'Asie du Sud et Sud-Est, enfin l'Europe balkanique.

90. – Cyberespace
Un espace pas si virtuel

Espace immatériel produit par l'ensemble des relations sociales qui s'établissent* via *des réseaux de télécommunications informatiques interconnectés (Internet).*

« Cyberespace » est un terme récent, apparu pour la première fois en 1984 sous la plume du romancier William Gibson [1984] et théorisé en 1998 par Rob Kitchin [1998]. Le terme dérive de « cybernétique » (du grec *kubernêtikê*, « art de gouverner ») qui désigne l'étude des processus de contrôle et de communication chez l'être vivant et la machine. Ce cyberespace repose sur les normes de l'Internet qui permettent de connecter les utilisateurs par l'intermédiaire d'une infrastructure technique complexe qui, elle, est bien matérielle (fibres optiques, ADSL, ordinateurs, logiciels).

Le cyberespace émerge progressivement au début des années 1990 avec l'invention du protocole universel World Wide Web et le lancement des premiers portails de navigation (Netscape). Il connaît depuis un succès époustouflant, passant de 40 millions d'utilisateurs en 1995 à près d'un milliard en 2005, avec une écrasante domination des pays de la Triade et des flux transatlantiques (66 % du total mondial) : on parle ainsi de « fracture numérique ». Le contrôle du Web redonne à ces anciennes puissances une longueur d'avance sur leurs rivales émergentes.

Le cyberespace est animé d'une multitude d'acteurs licites, *via* les sites privés et communautaires ou les « blogs » individuels. Mais le cyberespace a également généré ses acteurs illicites, pirates (*hackers*) mais aussi dissidents politiques. Tous sont traqués par des cyberpoliciers, très nombreux par exemple en Chine : une escouade de 30 000 d'entre eux chasse sur le réseau national la « cyberdissidence » par un système unique de filtrage par mots-clés.

91. – Culture
Le choc des civilisations ?*

Ensemble des idées et valeurs communes à un groupe qui définit un certain rapport au monde. Quand on ajoute le progrès à la culture, on obtient souvent la civilisation. La civilisation désigne également une réalité un peu différente : Huntington [2007] la définit « par des caractères objectifs communs comme la langue, l'histoire, la religion, les coutumes, les institutions, et par le processus subjectif d'identification de ceux qui les partagent ».

La géopolitique analyse les représentations culturelles qui fondent les pouvoirs, les territoires, les frontières et les conflits. C'est le cas dans l'École allemande de géopolitique*, qui cherche à légitimer dans l'entre-deux-guerres la conquête d'un espace vital*. C'est également le cas, dans une optique moins idéologique et plus scientifique, des écoles anglo-saxonne ou française*.

À l'interface entre ces deux écoles, Jean Gottman [1973] a, dans les années 1970, apporté à la réflexion géopolitique le concept original d'« **iconographie** » qui désigne l'ensemble des symboles et des représentations qui font l'unité d'un peuple et le lient à son territoire. Il met en avant le fait que cette iconographie nourrit des formes de résistance à la mobilité des hommes et des idées, ce qu'il appelle la « circulation » : bref, des formes de repli identitaire face à ce que l'on appelle aujourd'hui la mondialisation.

92. – Exception culturelle
Un combat d'arrière-garde ?

« L'idée que les œuvres de l'esprit ne sont pas des marchandises comme les autres ; c'est la conviction que l'identité culturelle de nos nations et le droit pour chaque peuple au développement de sa culture sont en jeu [...] » (François Mitterrand, discours devant le Parlement européen en janvier 1995).

Face à l'« invasion » des produits culturels américains, façonnant une culture* de masse souvent dénoncée comme formatée et abêtissante, les politiques de quotas et de protection se renforcent dans les années 1980 en Europe. La France est à la pointe d'un combat relayé par des projets communautaires (Eurimages en 1988). Ces pratiques anticoncurrentielles justifient l'offensive vigoureuse lancée en 1993 par Washington. Un compromis très bancal en ressort : les productions cinématographiques et audiovisuelles sont bel et bien incluses dans l'accord final donnant naissance à l'OMC, mais les États membres ne sont pas strictement obligés d'en respecter les normes en ce qui concerne la politique de quotas et d'aide financière. L'Unesco cherche à trancher (1998), mais sans le soutien des États-Unis qui ont quitté l'organisation en 1983. Il en ressort en 2001 une « Déclaration universelle sur la diversité culturelle ».

L'exception culturelle n'est-elle pas à terme condamnée ? Les évolutions techniques en cours peuvent le laisser penser : lorsque les majors d'Hollywood pourront diffuser pour un coût très faible leurs produits dans tous les foyers européens, *via* les chaînes par satellite et Internet, les politiques de défense culturelle seront totalement inefficaces. Dans le cyberespace*, 80 % des échanges se font déjà en langue anglaise.

CHAPITRE V

Entre unité et fractionnements

Le monde actuel

Les enjeux les plus essentiels du monde actuel découlent de la mondialisation : la planète s'unifie-t-elle en un « village global » qui définit un nombre croissant de règles communes ? À se rencontrer plus souvent et à mieux se connaître, les peuples s'apprécient-ils mieux ? À moins, comme le note S. Huntington [2007], que ces contacts plus fréquents ne multiplient les occasions de conflits.

93. – Village global
La mondialisation et le sens de l'Histoire

Monde unifié par l'accélération de la transmission des informations.

C'est M. McLuhan [1967] qui formule en 1962 cette métaphore : les nouvelles technologies peuvent donner l'impression de vivre dans un monde où l'information circule aussi vite que dans un village.

L'expression est aujourd'hui utilisée pour témoigner du raccourcissement des distances et des temps (de transport et de circulation de l'information) qui découle du phénomène de globalisation. Par ailleurs, les problèmes écologiques témoignent de la fragilité, mais aussi de la petite taille de la planète. De même, du point de vue social, les problèmes humanitaires ont définitivement quitté l'anonymat, et les exemples de solidarité internationale sont de plus en plus nombreux (cf. l'élan de solidarité soulevé par le tsunami ayant touché les côtes asiatiques en décembre 2004).

Notre village n'est cependant peut-être pas si global qu'il ne le semble.

Force est, tout d'abord, de constater que ce village n'englobe pas tout le monde. La principale condition d'exclusion est aujourd'hui liée à l'accès à l'information. Les initiatives visant à favoriser le développement des systèmes d'information et de communication en Afrique trouvent là leur justification, voyant dans ce développement les conditions du retour du continent dans le commerce international.

Ensuite, la masse des informations et des connaissances en circulation finit par submerger les populations, d'autant plus qu'elles s'annihilent parfois. Comme le veut l'adage, trop d'information risque de tuer l'information.

Enfin, la mondialisation est parfois en recul. N'évoque-t-on pas aujourd'hui un phénomène de régionalisation, traduction macroéconomique des mouvements de relocalisation qui émergent au sein des entreprises ? Dans un contexte d'augmentation durable des prix des carburants et donc du transport, on assiste aujourd'hui à un « retour de la géographie ». Ainsi voit-on se développer les relocalisations, sans doute marginales, face au mouvement toujours dominant de délocalisation*.

Il n'est donc pas certain que la mondialisation corresponde à un « sens de l'Histoire » définitivement fixé. Sans doute faut-il voir dans ce constat une bonne nouvelle du point de vue de la préservation de la diversité culturelle, devenue un enjeu majeur de ce siècle qui s'ouvre, comme l'exprime bien Pascal Picq dans son ouvrage *De Darwin à Lévi-Strauss* (Odile Jacob, 2013).

94. – Supranational
La fin du modèle westphalien ?

Supranational : qui dépasse la nation. Certains préfèrent utiliser **transnational** *: qui est commun à plusieurs nations.*

La théorie classique des relations internationales repose sur une représentation : les sociétés humaines sont des pyramides au sommet desquelles se trouve l'État. L'État trône dans un univers appelé système international dont il est le seul acteur, avec les autres États, dont aucun n'est supérieur en droit aux autres. Sans autorité supérieure pour l'arbitrer, le système international est anarchique, et les relations entre ses acteurs sont fondées sur le conflit et le pouvoir. C'est ce que suppose la tradition des conférences diplomatiques telles que le congrès de Vienne.

Mais le monde contemporain ne correspond plus tout à fait à ce modèle. La volonté générale de limiter les conflits a mené à la création d'organismes internationaux dotés d'un pouvoir théoriquement supérieur à celui des États dans certains domaines : l'ONU, l'Union européenne et d'autres encore sont le fruit de l'acceptation par les États membres d'un abandon partiel de souveraineté* et de la reconnaissance d'une autorité supérieure à la leur dans ces domaines. Ces organisations constituent les acteurs supranationaux.

Dans le même temps, les Églises, le développement après la Seconde Guerre mondiale d'entreprises de taille mondiale, les mouvements idéologiques comme le communisme et l'écologie, les ONG*, les liens informels qui se créent au niveau interpersonnel grâce au développement des réseaux d'informations sans considération pour les frontières nationales constituent les acteurs **transnationaux.**

Ces catégories théoriques relativement nouvelles ont fait conclure à certains spécialistes que la domination des

États et de la politique sur la conduite des affaires internationales était remise en cause, et de fait, les gouvernements n'ont plus le monopole de la normativité et de la diplomatie internationale.

Il ne faut pas en tirer trop vite la conclusion d'un déclin de l'État. Les entreprises multinationales* comme les organisations non gouvernementales ont des liens souvent très forts avec les gouvernements dont elles masquent parfois les agissements. Les organisations supranationales n'existent et ne fonctionnent que parce que les États y trouvent un moyen efficace de relayer leurs actions. À tout moment, les gouvernements peuvent, avec plus ou moins de facilité, reprendre leur souveraineté dans son intégralité.

Le système international est plus complexe aujourd'hui, les frontières plus difficiles à maintenir, mais les intérêts nationaux, dont l'État n'est que le relais et qui sont définis en définitive par les peuples et les sociétés civiles, sont toujours là, en concurrence les uns avec les autres, dans un système moins anarchique mais toujours conflictuel.

95. – Souveraineté
Un principe caduc ?

Détention de l'autorité suprême.

La souveraineté en droit international est classiquement l'apanage même des États. Le principe garantit leur égalité juridique face aux instances internationales, la non-ingérence dans leurs affaires intérieures, leur droit à édicter normes, lois et institutions sur leur territoire. Les relations internationales reposent sur ce principe, défini aux traités de Westphalie de 1648, qui reconnaît à chaque gouvernement le pouvoir d'être « empereur en son royaume ».

Mais le principe de la souveraineté semble, dans la période récente, être remis en cause selon des modalités variées, entraînant une complexification certaine des relations internationales. L'appel fréquent au respect de la non-ingérence est le signe même de cet affaiblissement. L'intervention massive du secteur économique, mais aussi des organisations non gouvernementales dans le système international, est une rupture notable du monopole des États dans l'édiction de normes et de lois. Le pouvoir lié traditionnellement à la souveraineté et accaparé par le politique est aujourd'hui beaucoup plus diffus.

Dans le même temps, les accords internationaux, la mise en place d'organisations communes comme l'OTAN, les organisations supranationales comme l'Union européenne, la multiplication des missions de l'ONU elle-même entraînent les États dans un processus de délégation progressive des attributs de leur souveraineté.

Le système international lui-même tend à remettre en cause ce principe qui est un frein éminent à son bon fonctionnement : le droit d'ingérence*, les organes de justice internationale en sont des manifestations directes. Les Nations unies, dans le projet de réforme de l'institution, vont encore plus loin en liant la reconnaissance par l'organisation du plein droit souverain des États à l'exercice de responsabilités (sociales, environnementales, éthiques) elles aussi souveraines.

Enfin, les notions d'« État voyou » et d'« État manqué » apparues après la guerre froide sont la manifestation que la remise en cause du principe de souveraineté n'est plus un tabou. Il est vrai que l'invocation répétitive de ce droit par des gouvernements au comportement critiquable favorise sa perte de légitimité, mais dans le même temps, sa remise en cause justifie surtout, notamment de la part des États-Unis, une politique interventionniste elle-même peu légitime.

96. – Fin de l'Histoire
Le retour des utopies ?

Formule empruntée aux philosophes Hegel et Marx désignant une époque qui n'accouche plus de nouvelles formes sociales originales : la vie de l'humanité se continue, mais dans un cadre indépassable.

Longtemps le thème de la fin de l'Histoire a été le monopole des marxistes. Avec l'apparition du communisme (après la phase de dictature du prolétariat), l'humanité n'inventerait plus de nouvelles structures, tandis que la disparition de l'aliénation réconcilierait l'Homme avec lui-même.

En 1991, c'est un Américain, F. Fukuyama [1993], qui relançait le thème. L'effondrement de l'URSS marque à ses yeux le triomphe du modèle libéral et démocratique. Il annonçait la fin des idéologies et des guerres, un monde uni par les échanges et l'avènement d'une ère nouvelle.

Les études du CEIP de l'université Carnegie ont, depuis les années 1970, développé l'idée que le libéralisme économique était une des voies les plus sûres vers la paix universelle, car, outre sa propension à générer des modes de vie et de consommation similaires, il nécessite pour fonctionner une démocratisation des sociétés. Or, en principe, les démocraties ne se font pas la guerre entre elles.

L'émergence de la théorie de la fin de l'Histoire est à relier avec la doctrine de la destinée manifeste des États-Unis : l'idée que l'exemplarité de la société américaine doit amener le meilleur des mondes possibles à l'échelle de la planète. C'est donc une réflexion fortement teintée de l'eschatologie protestante américaine qu'il faut relier aux prédictions autour de l'apparition de l'Internet et du village global* de McLuhan [1967]. Ce thème a le mérite de rappeler la dimension idéologique de la construction américaine, moins voyante que dans le cas de l'URSS mais non moins réelle.

La prophétie de Fukuyama n'a guère convaincu. L'École réaliste américaine autour de Kenneth Waltz [2001] et Robert Kagan [2003] a repris le *leadership* de l'analyse géopolitique en montrant que la conflictualité reste la règle dans les relations internationales. Waltz soutient l'idée que la mondialisation des échanges, en multipliant les contacts et les interactions, multiplie aussi les opportunités de conflits. Il semble aussi que la perspective d'un monde unifié par le modèle américain ait réactivé les revendications identitaires.

La fin de l'Histoire n'est cependant pas restée sans effet : l'affirmation des États-Unis comme « gendarme du monde » au début des années 1990 repose sur l'idée que, dans un monde désormais libéral, le seul rôle de la puissance était d'instaurer un État de droit favorable au développement des échanges et de la démocratie.

97. – Droit international
De l'ordre dans le chaos ?

Ensemble des règles fixées d'un commun accord pour stabiliser le système international.

Le droit international est né, dans sa forme moderne, lors des traités de Westphalie de 1648 par lesquels ont été fixées les règles de la diplomatie et de la négociation*, défini le principe de souveraineté* et ébauchées les procédures de résolution des conflits. Plus tard sont venus les droits de la mer* et de la guerre*.

Le droit international se caractérise par plusieurs traits : il est établi par traité mais possède une forte composante jurisprudentielle : le principe du précédent est la règle admise pour régler les crises internationales.

Le droit international connaît, surtout depuis la Seconde Guerre mondiale, une évolution profonde. Il s'est considérablement étendu, ne laissant aujourd'hui aucun domaine de la vie publique ou privée sans règle juridique internationale. Ses sources se sont multipliées : organismes de normalisation, ONG*, droit créé au sein des organisations régionales, multiplication des procédures d'arbitrage et actes des tribunaux internationaux.

On pourrait déduire de cette évolution que les relations internationales se civilisent et recourent plus souvent aujourd'hui à la règle admise qu'à l'arbitraire de la guerre. Pourtant, la multiplication même des règles est le signe de la multiplication des contentieux.

D'autre part, si certaines règles recueillent une réelle unanimité de la part de la communauté internationale (la Convention internationale des droits de l'enfant), les règles privées et publiques, celles édictées dans le cadre des organisations régionales et celles des Nations unies tendent à se contredire de plus en plus souvent. La complexité qui en résulte fausse le jeu des négociations qu'elles sont censées encadrer. Certains experts s'inquiètent que le manque d'expertise juridique des pays en voie de développement les mette dans l'incapacité de négocier équitablement avec les grandes compagnies internationales.

Par ailleurs, le droit international va parfois de fait à l'encontre des principes édictés à sa fondation, notamment le principe de souveraineté. Exemples de ces contradictions : pour contourner les règles de l'OMC, la France a fait admettre par l'Unesco la patrimonialité des biens culturels. La CNUCED a semé le trouble en édictant le principe d'*espace du politique*, selon lequel un État peut, pour défendre son droit au développement, s'affranchir des contraintes des règles internationales, en application de son principe de souveraineté.

Enfin, le droit international reste un droit édicté, majoritairement, par les puissances* dominantes, et certaines organisations critiquent ce qu'elles considèrent comme une forme de néocolonialisme. La Déclaration universelle des droits de l'homme n'échappe pas à cette contestation.

Le problème principal du droit international réside aujourd'hui dans l'absence d'une autorité capable d'arbitrer entre ses contradictions et de le faire respecter. Il n'existe que par la volonté des acteurs. Cela limite grandement sa capacité à être un facteur de pacification décisif de la scène internationale.

98. – Droit de la guerre
Civiliser la barbarie ?

Ensemble de règles visant à limiter la violence et protéger les droits fondamentaux de la personne humaine en cas de guerre.

Le droit de la guerre a ceci de paradoxal qu'il s'applique à un domaine où, par définition, n'existe que la loi du plus fort. Né progressivement dans une période où les conflits, sans diminuer en nombre, devenaient de plus en plus meurtriers, il a par ajouts successifs recouvert une vaste série de dispositions qui tentent de limiter sinon la conflictualité, du moins ses aspects les plus cruels.

Il comprend aujourd'hui : le droit de la guerre proprement dit (statut des neutres, des combattants et des civils notamment), le droit humanitaire, les accords de limitation des armements. Il s'est doté de juridictions (Cour internationale de justice, Cour pénale internationale, tribunaux spéciaux) et d'un corpus de notions.

Son existence même pourrait paraître illusoire, mais ses réussites sont réelles : la neutralisation des services de santé, le droit des prisonniers, la signature par presque toutes les nations de l'accord d'interdiction des mines et sous-munitions.

Son application se heurte sans surprise à des difficultés : l'arbitrage nécessaire entre des systèmes juridiques et procéduraux variant selon les pays, la localisation loin des conflits des tribunaux qui éloigne la justice des victimes, les limites rencontrées du fait du principe de souveraineté, le caractère *a posteriori* de la procédure.

Mais sa principale limite est la multiplication des conflits asymétriques. Dès lors, le droit commun tend à prendre le pas sur le droit de la guerre, menant à des violations manifestes lorsqu'un belligérant est une puissance niant le caractère de « guerre » de la situation, tandis que l'autre utilise des méthodes allant de la guérilla au terrorisme.

Le droit de la guerre n'est pas une nouveauté. Les coutumes de guerre ont toujours existé ici et là pour humaniser les conflits et protéger les combattants (cf. la trêve de Dieu au Moyen Âge). La nécessité dans la période moderne de redéfinir des règles est-elle le signe d'une amélioration des mœurs guerrières ou, au contraire, le symptôme de leur dégradation ?

99. – Droit de la mer
Orchestrer le chant des sirènes ?

Partie du droit international qui réglemente l'utilisation de la mer par les États-nations.

Jusqu'en 1958, le droit de la mer était surtout un droit coutumier, basé sur la non-territorialité des océans* et le principe de liberté des mers. À partir de cette date, une série de conventions internationales ont posé des règles dans plusieurs domaines : les eaux de surface, les fonds marins, l'exploitation des ressources, la souveraineté et les routes…

La difficulté de définir un droit sur les mers tient à la nature tridimensionnelle des étendues concernées. Il ne s'agit pas de simples surfaces, mais aussi de profondeurs. Une autre difficulté relève de la nature mouvante de l'objet. Comment tracer des limites sur l'eau ? Comment statuer sur un territoire qui par nature se déplace ?

Par ailleurs, l'évolution des techniques qui permettent l'exploitation *off-shore* et ont fait passer à l'échelle industrielle l'exploitation des ressources halieutiques, l'intensification du trafic maritime avec le développement des échanges, les problèmes de responsabilité en matière de pollution font de la mer un enjeu géopolitique critique, d'autant qu'elle est le dernier espace à conquérir, les frontières terrestres semblant stabilisées pour longtemps.

Ces évolutions sont entérinées à la conférence de Montego Bay en 1982 qui aboutit à l'élaboration de la Convention des Nations unies sur le droit de la mer, et définit des règles en principe universelles (mais seuls 60 États l'ont signée), augmente l'emprise et la responsabilité des États sur les océans et instaure un tribunal international du droit de la mer.

D'espace sans souveraineté ou presque, la mer est donc devenue un espace de prérogatives nationales, avec ce que cela suppose de litiges sur les frontières, sur le droit applicable à telle ou telle situation, et de conflits potentiels. P. Papon [1996] parle d'une « nationalisation des océans » depuis 1945. Il faut noter cependant que les deux tiers des eaux restent internationales.

Une question particulière va nécessiter des arbitrages de la part de la communauté internationale. La première est celle des plateaux continentaux pour la définition desquels la convention de Montego Bay laisse beaucoup de latitude aux États. Le sujet est brûlant concernant les revendications sur l'océan Arctique⁺ et ses profondeurs, potentiellement riches en hydrocarbures et rendues accessibles par la fonte de la banquise. Mais ces revendications vont à l'encontre d'autres conventions internationales sur la neutralisation des zones polaires. De plus, le droit maritime donne des règles de souveraineté* sur le sol des mers plus étendues que sur les eaux qui se trouvent au-dessus.

Le droit de la mer se heurte enfin à une autre difficulté : les contraintes techniques de l'exploitation des océans, le coût de l'exercice réel de leur contrôle font que ce droit n'existe, de fait, que pour les pays riches. Les autres, qui constituent la majorité des États littoraux dans le monde, risquent de voir leurs prérogatives rester lettre morte, faute de moyens pour leur donner corps.

100. - Choc des civilisations
Retour critique sur une idée simple

Thèse popularisée par S. Huntington [2007] selon qui le monde ne va pas vers l'uniformisation, mais vers la différenciation, *voire l'affrontement de grands ensembles géo-culturels.*

S. Huntington écrit son ouvrage en réaction à l'article de F. Fukuyama [1993] consacré à la fin de l'Histoire*. Il soutient l'idée que le monde à venir ne verra pas le triomphe de la civilisation occidentale, en déclin relatif et perdant du même coup son rôle de modèle dominant, mais l'émergence de formes modernes multiples dans les différentes sphères culturelles existantes. D'autres modèles de développement, de société et de puissance sont en voie d'élaboration, dans le cadre de la résurgence des identités et des nationalismes, et du rejet du modèle économique et politique occidental. Cela doit conduire au regroupement des nations sur ce critère de civilisation, qui serait du même coup la ligne de fracture autour de laquelle seraient générés les conflits futurs.

Le choc des civilisations peut-il, est-il en train de se réaliser ? La thèse pose un certain nombre de problèmes d'ordre méthodologique, idéologique et politique.

Le modèle théorique est sans doute un peu simpliste. La liste des civilisations donnée par Huntington est assez arbitraire, recoupant les grandes divisions religieuses. Or, il faut prendre en compte les fractures à l'intérieur des grandes religions, notamment en ce qui concerne l'islam. A. Chauprade [2001] reproche en particulier au modèle de placer Amérique du Nord et Europe dans la même civilisation occidentale – il y voit une justification des prétentions des États-Unis à dominer le Vieux Continent et plus généralement comme la justification idéologique de l'hégémonisme et de l'interventionnisme américains ou de la doctrine de la guerre préventive. Certains islamistes y voient la doctrine explicite d'une croisade dirigée contre le monde musulman par les Occidentaux.

Par ailleurs, beaucoup ont critiqué l'idée d'un choc inévitable entre les grandes civilisations. Les emprunts réciproques ne doivent pas être sous-évalués, estiment-ils. Ils ont parfois confondu l'analyse de S. Huntington et ses espoirs, croyant (ou faisant semblant de croire) qu'il souhaitait un tel affrontement.

Il n'est pas non plus évident que les civilisations forment des blocs cohérents et que les autres agents territoriaux, en particulier les États-nations*, se soient effacés devant elles. Les difficultés à construire une Europe unie en témoignent ainsi que les divisions de l'Asie orientale⁺ ou de l'Asie méridionale⁺.

Enfin, le déclin de l'Occident n'est pas une évidence : l'ampleur de la domination* des États-Unis, leader de cet Occident selon Huntington, n'a pas d'équivalent dans l'Histoire.

Reste que la thèse du choc des civilisations, d'abord passée presque inaperçue en France, est venue au premier plan depuis les attentats du 11 septembre 2001. Sa simplicité, qui fait sa faiblesse, fait aussi sa force. Elle semble amener plusieurs éléments intéressants : une critique de l'idéologie de l'unification du monde qui tendait à devenir un dogme et un retour au réalisme en matière de politique internationale. Elle redonne également aux idées et aux représentations une place légitime dans les facteurs explicatifs des relations entre les peuples, au détriment des analyses plus appuyées sur l'économie et les échanges.

BIBLIOGRAPHIE INDICATIVE ET AUTEURS CITÉS

Il existe plusieurs dictionnaires géopolitiques. Le plus complet est celui publié sous la direction d'Yves Lacoste, *Dictionnaire de géopolitique*, Paris, Flammarion, 1995 (dernière édition). On recommandera pour sa clarté et ses multiples facettes (pays, dynamiques, concepts et auteurs) le *Dictionnaire de géopolitique* rédigé par Aymeric Chauprade et François Thual, Ellipses, 1995.

Surtout, le manuel paru sous la direction de Pascal Gauchon, *Le Monde. Manuel de géopolitique et de géoéconomie*, Paris, Puf, « Major », 2008, permet d'approfondir l'ensemble des problématiques actuelles. Le *Que sais-je ?* que vous venez de lire en est un complément organisé selon le même plan et s'appuyant sur les mêmes notions.

Certains auteurs sont cités dans *Les 100 lieux de la géopolitique*. Voici les références des ouvrages et articles auxquels il est fait allusion :

Ancel J., *Géopolitique*, Paris, Delagrave, 1936.

Berque A., « Espace, milieu, paysage, environnement », dans *Encyclopédie de géographie* sous la direction d'A. Bailly, R. Ferras et D. Pumain, Paris, Économica, 1995.

Carroué L., *Géographie de la mondialisation*, Paris, A. Colin, 2002.

Chauprade A., *Géopolitique. Constantes et changements dans l'histoire*, Paris, Ellipses, 2001.

Chauprade A., Thual F., *Dictionnaire de géopolitique*, Paris, Ellipses, 1999.

Chéradame A., *L'Allemagne, la France et la question d'Autriche*, Paris, Plon, 1902.

Clausewitz C., *De la guerre*, Paris, Perrin, 2006.

Corbin A., *L'Occident et le désir de rivage (1750-1840)*, Paris, Aubier, 1988.

Daguzan J.-F., « Les États-Unis à la recherche de la supériorité économique », *Revue française de géoéconomie*, n° 2, 1997, p. 69-84.

Foucher M., *Fronts et frontières. Un tour du monde géopolitique*, Paris, Fayard, 1991.

Freund J., *L'Essence du politique*, Paris, Sirey, 1965 et *Qu'est-ce que la politique ?*, Paris, Seuil, 1968.

Fukuyama F., *La Fin de l'Histoire et le Dernier Homme*, Paris, Flammarion, 1993.

Gibson W., *Neuromancer*, New York, Ace Books, 1984.

Gottman J., *The Significance of Territory*, Charlottesville, University Press of Virginia, 1973.

Hamon D., « La revanche de l'idéologie sur l'histoire », in P. Gauchon (dir.), *Les Grandes Puissances du XXIe siècle*, Paris, Puf, « Major », 2007.
Haushofer K., *Wehr-Geopolitik*, Berlin, Junker und Dünnhaupt, 1932, et *Weltpolitik von heute*, Zeitgeschischte Berlin, Verlag, 1934. Ses écrits majeurs ont été publiés dans la revue *Zeitschrift für Geopolitik* et publiés en français dans *De la géopolitique*, Paris, Fayard, 1988.
Huntington S., *Le Choc des civilisations*, Paris, Odile Jacob, 2007.
Kagan R., *La Puissance et la Faiblesse*, Paris, Plon-Omnibus, 2003.
Kitchin R., *Cyberspace : the World in the Wires*, Chichester, Wiley, 1998.
Lacoste Y., *Dictionnaire de géopolitique* (dir.), Paris, Flammarion, 1993.
Lavenir F., Joubert-Bompard A., Wendling C., *L'Hexagone et l'Entreprise*, Paris, ministère de l'Économie, des Finances et de l'Industrie, 2001.
Lénine V., *L'Impérialisme, stade suprême du capitalisme*, Paris, Librairie de l'Humanité, 1925.
Lévy J. (dir.), *L'Invention du monde*, Paris, Presses de Sciences Po, 2008.
Lévy J., Lussault M., *Dictionnaire de la géographie et de l'espace des sociétés*, Paris, Belin, 2003.
Litzellmann A., « La Puissance et la mer », *Questions internationales*, n° 14, « Mers et océans », juillet-août 2005.
Lorot P., « La géoéconomie, nouvelle grammaire des rivalités internationales », *L'Information géographique*, mars 2001, p. 43-52.
Luttwak E., « From Geopolitics to Geoeconomics », *The National Interest*, n° 20, 1990, p. 17-24.
–, *The Endangered American Dream*, New York, Simon & Schuster, 1993.
McLuhan M., *The Gutenberg Galaxy. The Making of Typographic Man*, Toronto, University of Toronto Press, 1962.
–, *War and Peace in the Global Village*, New York, Bantam Books, 1967.
Mackinder H.J., « The Geographical Pivot of History », *The Geographical Journal*, vol. 170, n° 4, janvier 2004.
Mahan A., *The Influence of Sea Power upon History (1660-1783)*, Boston, Little, Brown & Company, 1890.
Michalet C.-A., *Les Multinationales face à la crise*, Paris, Broch, 1985.
Nye J., « Soft Power », *Foreign Policy*, n° 80, automne 1990, p. 153-171.
–, *Le Leadership américain. Quand les règles du jeu changent*, Nancy, Pun, 1992.
Organski A.F.K., Kugler J., Fox D.J., « Deterrence and the Arms Race. The Impotence of Power », *International Security*, vol. 4, n° 4, printemps 1980, p. 105-138.
Papon P., *Le Sixième continent. Géopolitique des océans*, Paris, Odile Jacob, 1996.
Pascalon P., *Les Zones grises dans le monde d'aujourd'hui. Le non-droit gangrène-t-il la planète ?*, Paris, L'Harmattan, 2006.

Ratzel F., *Politische Geographie*, Münich, Oldenbourg, 1897. Édition française : *Géographie politique*, Paris, Éditions régionales européennes – Économica, 1988.
Reich R., *The Work of Nations*, New York, A. Knopf, traduit chez Dunod, *L'Économie mondialisée*, 1993.
Renan E., *Qu'est-ce qu'une nation ?*, conférence à la Sorbonne (mars 1882).
Rufin J.-C., *L'Empire et les nouveaux barbares*, Paris, J.-C. Lattès, 1991.
Savary J., *Les Multinationales françaises*, Paris, Puf, 1981 et *Stratégie des multinationales*, Paris, La Documentation française, 1992.
Schmitt C., *La Notion de politique. Théorie du partisan (Liberté de l'esprit)*, Paris, Calmann-Lévy, 1972.
Spykman N., *America's Strategy in World Politics. The United States and the Balance of Power*, New York, Harcourt, Brace & Co., 1942 et *The Geography of Peace*, New York, Harcourt, Brace & Co., 1944.
Sokoloff G., *Métamorphose de la Russie*, Paris, Fayard, 2003.
Strange S., *The Retreat of the State. The Diffusion of Power in the World Economy*, Cambridge, Cambridge University Press, 1996.
Tellenne C., « Une mondialisation interlope », in P. Gauchon (dir.), *Le Monde*, Puf, « Major », 2006.
Teulon F., *Dictionnaire d'histoire, économie, finance, géographie*, Paris, Puf, « Major », 2004.
Turner F.J., *The Frontier in American History* (1893), New York, Henry Holt & Company, 1935.
Védrine H., *Face à l'hyperpuissance*, Paris, Fayard, 2002.
Waltz K.N., *Man, the State and War. A Theorical Analysis*, New York, Columbia University Press, 2001.
Walzer M., *Guerres justes et injustes*, Paris, Belin, 1999.
Wittfogel K., *Oriental Despotism. A Comparative Study of Total Power*, Yale University Press, 1957.

Les 100 mots de la géopolitique…
et quelques autres

Les 100 mots que nous avons choisis figurent dans cette liste en **gras**. D'autres termes sont analysés à l'intérieur de chaque définition. Ils figurent dans cette liste en maigre.

Les initiales placées après chaque entrée signalent leurs auteurs.

[PG]	Pascal Gauchon
[JMH]	Jean-Marc Huissoud
[FM]	Frédéric Munier
[HP]	Hugues Poissonnier
[CT]	Cédric Tellenne

TABLE DES MATIÈRES

Composition et mise en pages
Nord Compo à Villeneuve-d'Ascq

Imprimé en France
par la Nouvelle Imprimerie Laballery
rue Louis Blériot 58500 Clamecy
avril 2017 - N° 704166

La Nouvelle Imprimerie Laballery est titulaire de la marque Imprim'Vert®